日本環境教育学会 [監修]

知る・わかる・伝えるSDGs

II

エネルギー・しごと・産業と技術・平等・まちづくり

阿部 治・二ノ宮リムさち [編著]

学文社

■執筆者■

阿部　　治	立教大学（名誉教授）	［巻頭対談］
長澤恵美子	一社）日本経済団体連合会	［巻頭対談］
二ノ宮リムさち	東海大学	［序章・終章］
古屋　将太	認定 NPO 法人環境エネルギー政策研究所	［第 1 章］
島村　守彦	いわきおてんと SUN 企業組合	［第 1 章実践］
池谷美衣子	東海大学	［第 2 章］
川岸　卓哉	川崎合同法律事務所	［第 2 章実践］
福井　智紀	麻布大学	［第 3 章］
南口　　誠	長岡技術科学大学	［第 3 章実践］
近藤　牧子	早稲田大学	［第 4 章］
八木亜紀子	認定 NPO 法人開発教育協会	［第 4 章実践］
山崎　嵩拓	神戸芸術工科大学	［第 5 章］
別所あかね	東京大学大学院	［第 5 章］
横張　　真	東京大学	［第 5 章］
東福　光晴	富山市環境部環境政策課	［第 5 章実践］

（執筆順）

目　次

SDGs と企業

—人間の創造力・想像力を発揮する—

阿部 治 × 長澤恵美子

阿部 長年経団連でサステナビリティへの取り組みを推進されてきた長澤さんの視点から，経団連や産業界と持続可能性や SDGs の関連をお話しください。

長澤 まず，経団連がサステナビリティに大きくかかわったきっかけの 1 つは，1980 年代以降海外進出が進み，現地でよき企業市民として振る舞う重要性が意識されたことです。もう 1 つは，気候変動への危機意識の高まりです。企業行動憲章と地球環境憲章を，いずれも 1991 年に策定しています。

阿部 持続可能な開発をもとにした地球環境憲章は画期的でした。私も，ある大手企業が NGO と始めた環境教育や，経団連自然保護基金の活動などにかかわりました。そして今，SDGs の登場によって広範な企業が従来からの環境問題のみならず社会問題にも取り組むようになっています。なぜでしょうか。

長澤 「持続可能性」という抽象的な概念が，SDGs の 17 目標として示されたことにより，「環境」と「社会」と「経済」が結びつきました。国連のアミーナ・モハメッド副事務総長は経団連幹部と懇談した際に，「環境に関する 3 つの目標を考慮しつつ経済的な目標に集中的に投資することが重要であり，そうすれば，社会的な目標に投入できる収益を得ることができる」と話されました。これにより，企業が SDGs に取り組む意義が腹落ちしたという経営者もいます。また，2030 アジェンダは「持続可能な開発における課題解決のための創造性とイノベーションを発揮することを求める」と企業の役割を明示しています。不確実性の高い時代において，SDGs という世界共通言語によって，経営課題をチャンスとリスクの双方から把握でき，新しい連携や協働によるイノベーションと価値創造の契機を得られるということです。たとえば，消費者と企業も SDGs という共通目標に対して，何ができるかを一緒に考えやすくなりました。

1．持続可能な経済成長と社会的課題の解決	6．働き方の改革，職場環境の充実
2．公正な事業慣行	7．環境問題への取り組み
3．公正な情報開示，ステークホルダーとの建設的対話	8．社会参画と発展への貢献
4．人権の尊重	9．危機管理の徹底
5．消費者・顧客との信頼関係	10．経営トップの役割と本憲章の徹底

経団連の企業行動憲章（10 原則）

阿部　企業行動憲章にはサステナビリティや SDGs に関する記述がありますか。

長澤　2017 年の改定時，企業は「持続可能な社会の実現を牽引する役割を担う」という文言を入れています。また，人権尊重に関する独立した条文を新たに設けるなど，企業がサステナビリティや SDGs に取り組むとき，何に気をつけなければいけないのかを，この憲章に表しています。

阿部　なるほど。ただ実際に企業がそれを遵守するかというと，SDGs ウォッシュ（本書 p.11 参照）のようなことも顕在化しているように思います。

長澤　2020 年に実施した企業行動憲章の実践状況に関するアンケート調査は回答率 2 割でしたが，企業のサステナビリティへの取り組みは新型コロナ以前よりも加速傾向にあり，経営トップが社内・グループ内に発信したメッセージでは，「コロナをチャンスと捉え，変化に対応してイノベーションを起こし，より持続可能な社会を実現する」という前向きなものが多くみられました。組織運営の面では目標 8 の働き方改革や職場の充実，目標 5 のジェンダー平等，ビジネス戦略の面では目標 7 のエネルギーや目標 9 の産業の基盤，環境への取り組みが目立ちます。コロナ禍で，在宅勤務やリモートワークの導入，取引の継続や迅速な支払いという事業継続にかかわる取り組みが進みました。他方，人権への取り組みはいまだ課題です。人権尊重の方針の策定や社内体制の整備は進んでいますが，国連の「ビジネスと人権の指導原則」に則っているという企業は 36％でした。とは言え，取り組みは着実に進んでいます。外国人技能実習生の人権問題について，ディベロッパーと建設業界が NGO とも協力し人権デュー・ディリジェンス（関係者の人権リスクについて認識し予防策や軽減策をとること）の仕組みをつくり，事業主と実習生への聞き取りや調査などを行っています。また，2020 年 11 月には JICA（国際協力機構）と ASSC（一般社団法

人ザ・グローバル・アライアンス・フォー・サステイナブル・サプライチェーン）が共同で「社会的責任ある外国人の受け入れプラットフォーム」を設立しました。

阿部　ESG 投資（環境，社会，企業統治への配慮を考慮した投資のあり方）によってサステナブルな企業が応援される動きについてはどう考えますか。

長澤　情報開示が重要です。とくに財務情報と非財務情報の関連づけ，非財務情報の数値化が国際的にも議論されています。各企業が，株主，機関投資家，個人に対し，「取り組んでいる」というだけでなく「成果」をみせることが大切です。評価手法が確立されていないなかで各企業が試行錯誤しています。

阿部　なるほど。いっぽうで，2012 年に消費者教育推進法ができ，消費行動の影響を自覚して持続可能な社会の形成に参加することが必要だという「消費者市民社会」が提起されました。消費者の社会的責任です。その後環境のみならず人権やアニマルウェルフェアなどに配慮するエシカル消費の動きも顕著になり，消費者教育が環境教育や国際理解教育などと重なる ESD（持続可能な開発のための教育）として位置づけられるようになっています。

長澤　日本でも人権や環境への若者の意識は高まっていて，これからの世代は，消費者教育を含め，SDGs やサステナビリティを学んで社会に出てきます。そのときに選ばれる企業になれるかは，企業自身の存続にも影響を与えます。

阿部　まさに SDGs ネイティブがどんどん生まれてきます。若者の SDGs へ向けた取り組みを支援する企業も出ていますね。

阿部 治（編者／立教大学名誉教授）　　長澤恵美子（一般社団法人日本経済団体連合会 SDGs 本部統括主幹）

長澤　企業の SDGs を担う社員の育成も重要です。従業員のボランティアや寄付を支援する目的として「社員の課題解決力や社会的課題に対する感度の向上」を挙げる企業が 2017 年の 20％から 2020 年の 71％へ大きく伸びています。社員が社会貢献活動を通じて社会的な感度を磨く，これはまさに ESD だと思います。ESD が多くの企業に理解されるようになり，時代が変わったなと。企業に影響を与えたのは，やはり SDGs です。経団連は 2020 年 11 月に「新成長戦略。」を発表しましたが，この「。」には，これまでの成長路線に終止符を打つという意味があります。資本主義の下での格差拡大を経団連の会長自ら認め，「企業はマルチステークホルダーとの対話を通じて，彼らの要請を包摂し，価値を共創していくことでもってのみ持続可能な成長を遂げることが可能になる」と言っています。SDGs を共通言語にステークホルダーと対話し価値を共創する，社員が社会的な課題を理解し解決に資するビジネスを実現する，そうしなければ企業は生き延びていけない，そう実感する企業が増えています。

阿部　共創がキーワードですね。いっぽう，「無限な」成長はあり得ず，「持続可能な」成長とは何かを常に問い直す必要があります。また Society 5.0（本書 p.71 参照）は一部の人が儲けるだけでデジタルデバイスを含め格差の拡大につながるという不安も聞こえます。包摂的な社会はどう実現できるでしょうか。

長澤　「誰一人取り残さない」と言い続けながら，社会的課題だけでなく環境問題，とくに気候変動の問題を解決しないと。SDGs は個々の目標達成だけでなく社会の変革を狙っていると，皆が認識し行動せねばなりません。SDGs も Society 5.0 も批判することは簡単ですが，ポジティブな影響を拡大し，ネガティブな影響を最小化するにはどうしたらいいか，工夫をしていかないと，発展はありません。経団連は，Society 5.0 の実現に向けて人間の想像力・創造力を発揮することが重要だといっています。立ち止まらず工夫しながら進むということだと思います。Society 5.0 は SDGs と同じ方向を向いています。

阿部　「誰一人取り残さない」をスローガンとする共通言語としての SDGs で，企業とその社員や投資家・消費者を含むさまざまな主体が，連携し，学びあい，行動していくということですね。ありがとうございました。

序　章

SDGs—「持続可能な経済社会」を
知る・わかる・伝える

　本書は，「知る・わかる・伝えるSDGs」第Ⅱ巻として，SDGs（エスディージーズ：持続可能な開発目標）の目標7〜11にあたる「エネルギー・しごと・産業と技術・平等・まちづくり」を取り上げる。国連は，17目標から成るSDGsを「5つのP」—People（人間）・Prosperity（豊かさ）・Planet（地球）・Peace（平和）・Partnership（パートナーシップ）—に整理しているが，本書が扱う目標7〜11はそのうちの「Prosperity（豊かさ）」，とくに経済活動に深くかかわる目標群である（図0-1）。

　SDGsが礎とする「持続可能な開発」の概念は，国連「環境と開発に関する世界委員会（WCED）」が1987年に発表した報告書『われら共有の未来（Our

図 0-1　SDGs「5つのP」と "Prosperity" の 5 目標
出所：国際連合広報センターウェブサイト（筆者加筆）

Common Future)』が「将来の世代のニーズを満たしつつ，現在の世代のニーズをも満足させるような開発」と定義し，その重要性を提唱したことを機に注目されるようになった。当時とくに強調されたのは，人間社会が経済成長を求めるなかで自然資源を浪費し自然環境を破壊しつくすことで，将来，人類が地球上に存続できなくなる危険性であった。それから30年近い議論と取り組みの広がりを経て結実した文書『我々の世界を変革する：持続可能な開発のための2030アジェンダ』（以下，2030アジェンダ）とそこに記されたSDGsは，環境破壊を食い止め，格差を解消し，すべての人々が満たされた生活を送ることのできる世界をかたちづくる経済活動への変革をうたう。つまり，経済活動が，環境に対する脅威というよりも，自然環境保全と社会の格差解消に基づく持続可能な開発をけん引するエンジンと位置づけられている。いっぽう，現実社会では，新型コロナ感染症の広がりによる経済活動の鈍化が，社会と人々の命を切実に脅かしつつ，環境破壊を改善させる事態が現れてもいる。

　理想を掲げつつ，現実には多くの矛盾に直面する2030アジェンダとSDGsが，持続可能な社会と経済へ向けた道標として機能する道は，今を生きる私たちがそれを知り，わかり，伝え，対話と行動を広げていくことにしかない。自然環境と調和しつつ，「誰一人取り残さない」持続可能な社会を実現する経済とはどのようなもので，どうしたら創り出すことができるのか。2030アジェンダが記すように，「人類と地球の未来は我々の手の中にある」のだ。

1 　2030アジェンダとSDGsの基本理念

　2030アジェンダとSDGsは，2012年6月に開催された「国連持続可能な開発会議（リオ＋20サミット）」でその策定が合意されたあと，3年あまりの多様な人々による議論と交渉を経て2015年9月，国連総会で採択された。その背景には，前述の「持続可能な開発」概念のもとで経済成長と健全な環境や社会の両立が模索されてきた流れと，2001年に策定され2015年を期限に取り組まれた「ミレニアム開発目標（MDGs）」の後継を求める動きとがあった。MDGsは，開発途上国において，貧困や飢餓の撲滅，初等教育の普及，ジェンダー平等，

乳幼児や妊産婦の健康，自然環境の保全といったごく基本的な状況の改善をめざす8つの目標群で，一定の成果をあげつつ課題も残した。これを引継ぎつつ，国際社会が取り組むべき持続可能な開発のあり方をより広く示そうとしたのが，2030アジェンダと，そこに記されたビジョンを具体的に実現するための目標＝SDGsである。SDGsは17目標と，それらにつながる169のターゲット，232の指標から成る。これらが立脚する基本理念を，①普遍性，②包摂・共生，③人権，④統合，⑤参画，⑥変革の6つのキーワードから読み解きたい。

①普遍性（universality）　MDGsは途上国の開発課題に対する目標だったが，2030アジェンダとSDGsでは途上国・先進国の垣根を超えた世界の目標としての普遍性が強調される。2014年，国連の作業部会がSDGsの原案を総会に提出したあと，当時の潘基文国連事務総長が発表したレポートには「人類は同じ世界の課題に直面している。現代の問題は国境を越える。最も裕福な国にも極貧と排除がありうる。普遍性とは，すべての国が，それぞれ独自のアプローチをとりつつ，世界共通の利益という感覚をもって，変わる必要があることを意味する。普遍性は人権と世代間の公正において重要な特質だ。それはわたしたちに，共有する未来へ向けた共有の責任という観点から考えさせる」[1]とある。そもそも世界は途上国と先進国に二分できるほど単純ではなく，どの国も，世界の複雑な絡み合いのなかで，それぞれの状況のなかに，他国と共通する問題や，国境を越えて関連しあう問題をかかえている。SDGsはそうした現代社会で，国境を越えた連帯により，各国内でも世界全体でも持続可能な未来を創り出していこうという意志を表すものなのだ。

②包摂・共生（inclusion）　2030アジェンダにたびたび登場するスローガン「誰一人取り残さない」は，昨今日本語でも「インクルージョン」と書かれることがある「包摂」の概念を端的に表現したものだ。完全に同義ではないものの，「共生」という表現もより身近でわかりやすい。アジェンダ前文には「我々はこの共同の旅路に乗り出すにあたり，誰一人取り残さないことを誓う」とうたわれ，とくに「最も遅れているところ」「最も脆弱な人々」に手を伸ばす必要性が強調される。「脆弱な人々」として例示されるのは，子ども，若者，障

害者，HIV／エイズとともに生きる人々，高齢者，先住民，難民，国内避難民，移民であり，全体にわたって女性や女児の地位向上の必要性も繰り返される。17 目標のうち，目標 4「包摂的かつ公正な質の高い教育」，目標 8「包摂的かつ持続可能な経済成長」，目標 9「包摂的かつ持続可能な産業化」，目標 11「包摂的で安全かつレジリエントで持続可能な都市及び人間居住」，目標 16「平和で包摂的な社会…効果的で説明責任のある包摂的な制度」には包摂が直接記されており，このうち目標 8・9・11 は本書が扱う「Prosperity（繁栄）」の目標だ。SDGs において，こうした「最も脆弱な人々」に経済活動の成果を届け，格差を解消していくことがとくに重要な柱となっている。

　③人権（human rights）　　2030 アジェンダには，「我々は，人権，人の尊厳，法の支配，正義，平等及び差別のないことに対して普遍的な尊重がなされる世界を思い描く」と記され，「世界人権宣言及びその他の人権に関する国際文書並びに国際法」への立脚が示されている。持続可能な開発の概念は，経済活動による環境破壊と社会的格差の増大を食い止める必要性を提起してきたものの，とくに強調されてきたのは資源の枯渇や生態系の破壊といった環境の問題で，一般に持続可能な開発というと経済発展と環境保全の両立として理解されることも多かった。2030 アジェンダは，人権に繰り返し言及することにより，持続可能な社会づくりにおいて一人ひとりの人間が尊重されることの大切さを強調している。いま，さまざまな企業や自治体，市民団体，地域社会などがSDGs への取り組みを進めるなかで，「すべての人間は，生まれながらにして自由であり，かつ，尊厳と権利について平等である（世界人権宣言　第一条）」という人権への意識はどこまでいきわたっているであろうか。人権の尊重は，SDGs の根幹であることを常に確認したい。

　④統合（integration）　　持続可能な開発という概念は，環境と社会と経済を統合的に不可分のものとしてとらえ，それらを調和させながら人間社会を発展させていく必要性を提起してきた。2030 アジェンダにおいてもその重要性が強調され，SDGs の 17 目標も互いに切り離せない関係にあり，統合的に取り組んでいく必要があることが強調される。これはまた，ここにあげる理念につ

いて，統合的に意識することにもつながる。地球の生態系を健全に保ちつつ，包摂・共生を満たすこと，人権を尊重することに統合的に取り組むことが，持続可能な未来の創造に不可欠だ。つまり，本書が主題とする「Prosperity（豊かさ）」にかかわる目標群についても，ほかの目標群との相互のかかわりを見つつ，地球の生態系，包摂・共生，人権の尊重を統合的に実現する必要がある。

⑤参画（participation）　2030アジェンダとSDGsは，持続可能な未来に向けた取り組みに，すべての人々が当事者として参画する重要性を強調する。日本政府のSDGs実施指針には，「脆弱な立場におかれた人々を含む一人ひとり」が「当事者として主体的に参加し，持続可能な社会の実現に貢献できる」ことと記されているが，ここで重要なのは，こうした参画を人々の義務というよりも権利としてとらえ，その権利を保障するという視点であり，そのための教育だ。2030アジェンダに「性，年齢，人種，民族に関係なくすべての人々が，また障害者，移民，先住民，子供，青年，脆弱な状況下にある人々が社会への十全な参加の機会を確保するために必要とされる技能や知識を獲得するための生涯学習の機会を有するべきである」とあるように，人々の参画の機会は，教育・学習を通じ，自らの想いを表現しほかと連帯し社会に働きかける力を得ることによって保障される。前述のとおり目標4が「包摂的な教育」を掲げている理由もまさにここにあり，本書が教育を主題とする背景にはこの理念がある。

⑥変革（transformation）　2030アジェンダとSDGsが掲げる最大のメッセージは，そのタイトルにも「我々の世界を変革する」とあるように，変革の必要性である。アジェンダ前文には「我々は，世界を持続可能かつレジリエントな（しなやかで強い）道筋に移行させるために，緊急に必要な，大胆かつ変革的な手段をとることを決意している」と記されている。いまある枠組みのなかで状況を改善するだけでなく社会のあり方そのものを変えていく，それをせずにこれまでと同じ道の延長線上でいくら場当たり的に問題を解決しても世界は早晩行き詰まるという，強い危機感がその土台にある。それはつまり，SDGsはそのターゲットや指標を達成することだけをめざすものではなく，持続可能な社会という理想に向けた新たな社会の創造をめざすものだということである。

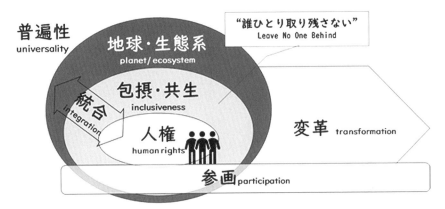

図 0-2　2030 アジェンダ・SDGs の基本理念（筆者作成）

　2030 アジェンダと SDGs は，具体的な目標やターゲットよりも，まずこれらキーワードの関係性に則った基本理念から理解されることが重要だ。図 0-2 に描いたように，2030 アジェンダ・SDGs は，まず「普遍性」を背景に，人類が，地球・生態系の枠内で，「包摂・共生（誰ひとり取り残さない）」「人権」の尊重を統合し，取り組むことを求める。そしてその取り組みにおいては，常に人々の「参画」が保障され，なにより「変革」が求められるのである。

② SDGs はビジネスの道具か— "SDGs ウォッシュ" を超えて

　ここ数年，日本社会は「SDGs ブーム」の様相だ。インターネットにも活字メディアにも SDGs に関する情報があふれ，テレビではニュースやドキュメンタリーだけでなく，クイズ番組やコマーシャルにも SDGs が登場する。街中のさまざまな広告にも SDGs のロゴがあしらわれている。学校教育のなかでも SDGs が扱われる機会が急速に広がっている。ある調査によれば，2020 年 12 月時点で「SDGs という言葉を聞いたことがある」人は 45.6％，年代別にみると「15〜29 歳」が最も高く 5 割超，職業別にみると「管理職」と「学生」で 6 割を超えたという [2]。とくに，企業と学校を発信源に SDGs への認知が広がっている状況がみてとれる。持続可能な開発の概念が提唱されてから数十年間，議論や取り組みは少しずつ進んだものの，広くその言葉や概念が浸透すること

はなかった。私たち人類が，コロナ禍や気候変動をはじめとする危機に直面するいま，SDGs の急速な広がりは未来への希望といえるだろうか。

　SDGs の広がりの陰にある「SDGs ウォッシュ」を危惧する声がある。もともと英語で「ホワイトウォッシュ（whitewashing）」とは，欠点や都合の悪いことをごまかしてよいところだけ見せることを意味する。そこから，企業などの組織が環境に悪影響を与えている事実をごまかして，いかにも環境に配慮しているように見せかけることをさす「グリーンウォッシュ（greenwashing）」という表現が生まれた。持続可能な開発につながる企業などの取り組みを推進する仕組みとして，2000 年に発足した「国連グローバル・コンパクト（UNGC）」（人権，労働，環境，腐敗防止にかかわる 10 の原則に沿うことを宣言する企業などのネットワークで，2021 年 5 月時点で世界の 1 万 7000 以上，日本からは 400 余りの企業や団体が署名している）についても，署名を隠れ蓑に問題を本質的に解決しようとしない企業をさす「ブルーウォッシュ（bluewashing）」（国連の旗が青いことから）という言葉が使われてきた。そしていま，SDGs を隠れ蓑に実態をごまかし，持続可能な開発につながる本質的な変革には向き合わない企業や組織などをさす「SDGs ウォッシュ」という表現が生まれている。

　環境も人権も，そして SDGs も，企業にとってはビジネスの道具でしかないのか。UNGC は，企業と SDGs の関係を「SDGs に対するビジネスを通じた貢献＝責任ある行動＋機会の発見」[3] と表す。つまり，企業にとって，環境保全と共生，人権尊重に根ざす SDGs は，自らを省みて行動を変えることと，新たな事業の可能性を見いだし発展させていくこと，その双方を促すものだという認識だ。ここでは，SDGs はビジネスの道具というよりも道標となる。組織がかかえる問題を覆う隠れ蓑ではなく，むしろ問題をあぶり出し，従来の姿にとらわれず新たなビジネスと組織のあり方を示すために，SDGs が活用されうる。

　SDGs ウォッシュは，企業だけの問題ではない。たとえば学校も，ブームに乗って SDGs を授業で取り上げるなど重要性をうたいながら，その組織，慣習，校舎や設備などにみられる問題や，必要な変革に向き合わなければ，それは SDGs ウォッシュだ。

SDGs の広がりが，表面的なイメージ向上を狙う SDGs ウォッシュではなく，それぞれの組織がかかえる本質的な問題への気づきと根本的な変革へと結びつくか。これは，企業や学校などの組織自身だけでなく，消費者や生徒・保護者を含む関係者すべてがそれぞれの立場から状況を見抜き，真の変革を求めることができるかにかかっている。

3   持続可能な社会における「経済」

さてここで，本書が扱う「Prosperity（豊かさ）」の目標群が深く関係する「経済」とは何かを改めて考えておきたい。

持続可能な開発という概念と SDGs という目標は，人間社会が経済成長を追い求めるなかで，自然環境を破壊し，社会に格差を広げ，ある人々を貧しさや苦しみのなかに取り残してきたことへの反省のうえに立っている。しかし問題を引き起こす元凶となってきた経済活動は，かたや私たちの暮らしに欠かせない基盤でもある。新型コロナ感染症の蔓延で経済活動が停滞したことにより，世界各地で汚染物質や二酸化炭素の排出が鈍り環境が改善され，いっぽうで，格差と貧困がより深刻になって多くの人々を困難に陥れていることは，経済と持続可能性の関係の矛盾そのものを表している。自然環境と調和し，格差と貧困の問題を解消する，そんな持続可能な経済とはどのようなものなのだろうか。そしてそうした経済は可能なのだろうか。

持続可能な経済を考えるうえで役立つ視点に「エコロジカル・フットプリント」がある。これは，人間が消費する資源の生産や都市基盤の設置と，排出する二酸化炭素の吸収などに必要な土地面積を表す指標で，グローバル・フットプリント・ネットワークという組織が毎年計算結果を発表している。これによれば，人類の活動は 1970 年頃に 1 つの地球が支えられる規模を超え，近年は約 1.7 個分の地球を必要としている計算になる[4]。同ネットワークは毎年，その年の人間の活動が地球 1 つ分の許容量を超える日を「アース・オーバーシュート・デイ」として発表している。1970 年は 12 月 30 日と，大晦日分のみの超過だったのが，2019 年には 7 月 26 日となり，2020 年は新型コロナ感染症の影

響による経済活動の停滞から8月22日にまで延びたものの，2021年は再び7月29日まで戻った[5]。私たちはすでに50年以上の間，地球の許容量を超えた活動を続け，将来世代の生活を支えるはずだった地球環境を前借りし，気候変動や生物多様性の減少といった取り返しのつかない深刻な危機を招いている。

　さらにエコロジカル・フットプリントは，世界の格差を明らかにもする。国ごとにみると，アフリカの小国エリトリアのエコロジカル・フットプリントの水準で世界全体が活動すれば地球0.3個分にしかならず，インドネシアの水準でちょうど地球1個分に収まるが，日本の水準だと2.9個分，米国で5.0個分，最大のカタールで9.2個分もの地球が必要となる[6]。

　私たち人類の活動を地球1つ分に収め，同時にすべての人々が健康に学び働き生きる権利を行使できるよう地球の資源を公平に分配する。それは，目前の問題を解決するための小手先の技術開発や資金投入では到底実現できない。新型コロナ感染症は，世界の経済に大きなダメージを与えた。その回復を，持続可能性に資する分野に重点的に投資を集めながら推進する「グリーン・リカバリー」がいま注目されている。しかしそれも，経済の仕組み，社会のあり方，そして人々の暮らしを大きく変革する道筋としなければ，結局私たちは再び環境破壊と格差拡大の道に戻ってしまうことになるだろう。

④ 持続可能な経済社会を支える学びとは

　本書の目的は，こうした大変革に向けて，SDGsを知り，わかり，伝え，周囲とつながって取り組みを生み出す，そうした学習と教育を支えることにある。

　持続可能な開発を実現するために，それを担う力を人々が得る学習と教育が基盤となることは，国際社会でもこれまで繰り返し強調されてきた。2005～2014年にかけて「国連・持続可能な開発のための教育（ESD）の10年」が実施され，国内外で議論と実績が積み重ねられてきた経緯がある。そのなかでは，「自分で感じ，考える力」「問題の本質を見抜く力／批判する思考力」「自分が望む社会を思い描く力」「学習者の主体性」「大人も子どもも学びの担い手であること」などの重要性が共有されてきた[7]。

つまり，いま求められるのは，SDGs を無批判に受け入れその推進に加わるよう仕向ける教育ではない。持続可能な開発という概念の本質を自ら感じ考え，SDGs を批判的に読み解き，これからの社会のあり方を大胆に創造するために，子どもと大人を含む誰にも学ぶ権利があることを認め，それを保障する教育である。

　SDGs は，世界中の多様な人々が参画しそれぞれの視点をもち寄って策定されたものではあるが，だからこそ，たとえば火力発電や原子力発電，核兵器，妊娠中絶といった，意見や立場の衝突を避けるために除外された事項も多々ある。また，全世界に支持された背景には SDGs が拘束力をもたない単なる目標だという現実があり，それゆえの限界もある。SDGs は万能ではなく，ただ 1 つの正解でもない。私たちは，SDGs の限界と可能性をふまえつつ，それぞれの視点をもち寄り，対話を通じて多様な意見を理解し，「普遍性」「包摂・共生」「人権」「統合」「参画」「変革」といった理念に立ち返り，ときに疑いながら，1 つの地球のなかですべての人々が健やかに生きることのできる経済社会のあり方を生み出していかねばならない。

　そのための学習，教育を実現するために，本書をめくっていこう。

注
1) United Nations (2014) *The Road to Dignity by 2030*：ending poverty, transforming all lives and protecting the plant (A/69/700), p.11 より筆者訳。
2) 朝日新聞社 (2021)「【SDGs 認知度調査　第 7 回報告】SDGs『聞いたことがある』約 5 割」https://miraimedia.asahi.com/sdgs_survey07/ (2021 年 6 月 8 日最終閲覧；以下 URL 同じ)。
3) UNGC (2017) *Making Global Goals Local Business*, p.13.
4) Global Footprint Network, https://www.footprintnetwork.org/.
5) Earth Overshoot Day, "Past Earth Overshoot Days" https://www.overshootday.org/newsroom/past-earth-overshoot-days/.
6) York University Ecological Footprint Initiative & Global Footprint Network, Footprint Data Foundation (2021) *National Footprint and Biocapacity Accounts, 2021 edition.* https://data.footprintnetwork.org.
7) 持続可能な開発のための教育推進会議 (ESD-J)"ESD とは？"https://www.esd-j.org/aboutus/concept.

第1章
エネルギーをみんなに そしてクリーンに

すべての人々の，安価かつ信頼できる持続可能な近代的エネルギーへの
アクセスを確保する

　現代社会は，エネルギーに大きく依存することで成り立っている。エネルギー
は，電力，熱，輸送燃料の形をとって，私たち一人ひとりの暮らし，そして経
済社会システム全体を支える。いっぽうで，人間社会はエネルギーを消費する
ことで自然環境を破壊し，エネルギーの分配や利用をめぐって争いを繰り返し
てきた。人類はエネルギーの光と影にふりまわされてきたのである。

　こうしたエネルギーを，誰もが利用できるようにすること，クリーンで持続
可能なものにしていくことをうたうのが目標7だ。背景にはエネルギー問題に
おける2つの側面―近代的なエネルギーの恩恵を受けられない人々が残されて
いること，従来型のエネルギーが「持続不可能」であること―がある。

　1つ目の側面について，近代的エネルギーサービスにすべての人がアクセス
できることをめざすターゲット7.1は，その指標にまず「受電可能な人口比率」
を掲げる。電力を使えないと，たとえば家事労働の負担を軽減できなかったり，
夜間に勉強や仕事ができなかったりと日常生活のなかで不利益が生じるばかり
でなく，医療や教育，産業，ひいては社会全体の発展が阻まれることになる。
新型コロナ感染症対策についても，清潔な水供給，医療機器の使用，ワクチン
の冷蔵などに電力は欠かせない。「ステイ・ホーム」が前提とする電話やインター
ネットでのコミュニケーションや情報収集も電力あってのものだ。電力の安定
的な供給を広げることは世界全体を感染症から救うことにつながる。いっぽう，
ターゲット7.1のもう1つの指標「家屋の空気を汚さない燃料や技術に依存し
ている人口比率」の背景には，薪炭・動物の糞などを調理用燃料として使う人々
が健康被害に苦しむ現状があり，世界の優先的課題とされている。

　2つ目の側面である，従来型のエネルギーの持続不可能性は，先進国を含む
世界中の人々に大きくかかわる問題だ。現代社会のエネルギー消費の大半を支

える化石燃料は，環境汚染や気候変動，富と力の格差やそれらをめぐる争い，世界経済の混乱の原因となってきたうえに，いつかは採れなくなる有限の資源だ。さらに，原子力発電は，福島第一原発事故が示したように環境，社会，経済のあらゆる面で甚大な被害を及ぼすリスクをかかえるうえに，最終処分の道筋も立たない。これに対し，ターゲット7.2は再生可能エネルギーの拡大，ターゲット7.3はエネルギー効率の改善を求める。本章でくわしく示されるように，再生可能エネルギーの高コストや不安定性といった従来指摘されてきた弱点は解決が進み，すでに活用が広がりつつある。

　これまでの世界では，「エネルギーをみんなに」の進展は，持続不可能なエネルギー消費の増大を意味した。その関係を断ち切るための「クリーンな」エネルギーへの転換を，私たちは実現できるのか。化石燃料や原子力は，政治的，経済的な権力の偏りと集中に結びつき，社会の構造を形づくってきた。必要なのは，こうした構造をそのままにして場当たり的に技術・経済的な対策をとることではなく，システム自体を変革する新しい未来だ。そこでは，それぞれの地域がエネルギー創出と活用の仕組みを自ら考え実現していくことが可能となり，担い手たちの教育・学習が大きな役割を果たす。エネルギーのあり方とそれを軸としてきた社会経済システムの変革は，SDGs全体の行く末を大きく左右することになるだろう。（編者）

目標7. すべての人々の，安価かつ信頼できる持続可能な近代的エネルギーへのアクセスを確保する

7.1　2030年までに，安価かつ信頼できる現代的エネルギーサービスへの普遍的アクセスを確保する。

7.2　2030年までに，世界のエネルギーミックスにおける再生可能エネルギーの割合を大幅に拡大させる。

7.3　2030年までに，世界全体のエネルギー効率の改善率を倍増させる。

7.a　2030年までに，再生可能エネルギー，エネルギー効率及び先進的かつ環境負荷の低い化石燃料技術などのクリーンエネルギーの研究及び技術へのアクセスを促進するための国際協力を強化し，エネルギー関連インフラとクリーンエネルギー技術への投資を促進する。

7.b　2030年までに，各々の支援プログラムに沿って開発途上国，特に後発開発途上国及び小島嶼開発途上国，内陸開発途上国のすべての人々に現代的で持続可能なエネルギーサービスを供給できるよう，インフラ拡大と技術向上を行う。

　従来の持続不可能な化石燃料・原子力から再生可能エネルギーへの転換は，1970年代の石油危機以来，先進国の課題であり続けたが，2010年代には飛躍的に再生可能エネルギーのコスト低下と普及拡大が進み，2050年には世界のエネルギーシステムは完全な脱炭素化へと向かうことが視野に入ってきた。また，そもそも近代的なエネルギーへのアクセスが限られていた途上国では，従来の大規模集中型のエネルギー設備やインフラを構築することなく，小規模分散型の再生可能エネルギーを普及させることで，よりすばやくエネルギーアクセスを実現することができると期待されている。

　エネルギーは，電力・熱・輸送燃料の3つの分野で取り組みを進める。電力については，化石燃料である石炭・石油・天然ガスを利用する火力発電，ウランの核分裂エネルギーを利用する原子力発電，風力・太陽光・水力・地熱・バイオマスを利用する再生可能エネルギーがある。熱については，暖房，給湯，調理のために薪や枝などのバイオマスをそのまま燃やして使う伝統的なバイオマス利用，化石燃料を燃やして使う形態，太陽の熱を集約して使う太陽熱温水器，少ない燃料投入で大気汚染も発生させない近代的なバイオマス熱利用がある。輸送燃料については，自動車，航空機，船舶はいずれも原油を燃料としているが，近年，電気自動車やドローンは電力を使って輸送サービスを提供しはじめている。

　このように，エネルギー利用の3つの分野には従来型のエネルギーと再生可能エネルギーの選択肢があり，それぞれにメリット／デメリットがある（詳細については後述）。

　SDGsで掲げられている「すべての人々に手ごろで信頼でき，持続可能かつ近代的なエネルギーへのアクセスを確保する」という目標の背景には，化石燃料・原子力の持続不可能をふまえたうえで，2010年代に急速にコストが低下し，最も信頼性が高く，持続可能なエネルギー源となった再生可能エネルギーへの移行が必要不可欠であるという現実の認識がある。

　私たちは日常生活を送るうえでエネルギーを消費しているが，それはエネルギーを消費することが目的なのではなく，たとえば快適な室内気温を確保するために冷暖房器具を使ったり，さまざまな情報を効率的に処理するために電力で駆動するコンピューターを利用したり，A 地点から B 地点へ限られた時間内に移動するためにガソリンを燃料とする自動車を利用するといったように，なんらかの実用的なメリットを得るためにエネルギーを消費している。この考え方は「エネルギーサービス」と呼ばれ，近代的なエネルギー利用や省エネルギーの推進を進めるうえでの基本となる。

　SDGs では，近代的な日常生活を送るうえで，そもそもこうしたエネルギーサービスを享受することができない人々が存在すること，つまり「エネルギーアクセス」が持続可能な社会に向けた根本的な課題の 1 つであるとしている。具体的には，世界人口の 13％が電力を利用することができず，30 億人が調理や暖房に薪や石炭，木炭，動物の排せつ物を利用している実態があり，とくに伝統的なバイオマス利用は屋内の空気汚染につながり，2012 年には 430 万人が亡くなっている。また，こうした家庭での燃焼エネルギー利用に起因する死の 10 人に 6 人は女性であることから，ジェンダーの観点からもエネルギー利用を考える必要がある。

(1) 化石燃料

　現代社会は，石油・石炭・天然ガスなどの化石燃料資源を大量に消費することで成立している。電力・熱・輸送燃料の 3 つの分野をあわせた最終エネルギー消費をみると，2017 年に世界の最終エネルギー消費の 79.7％が化石燃料を占めている（図 1-1）。

　化石燃料の利用には，資源そのものの有限性に加え，大気汚染や温室効果ガスの排出という問題がある。資源の有限性について，そもそも化石燃料は数十億年前に堆積した動植物が長い年月をかけて変成した有機物であり，埋蔵量には限りがある。いつまでに化石燃料資源が採れなくなるかについては諸説あり，

科学的にも合意された統一見解があるわけではないが，国際エネルギー機関（IEA）は世界の石油生産量は 2006 年にピークを迎えていた可能性が高いと 2010 年に述べている（IEA, 2010）。

大気汚染について，化石燃料を燃やすことで窒素酸化物（NOx），硫黄酸化物（SOx）などが大気に放出されることになる。高度経済成長期には，これらの物質の排出規制がなく，深刻な健康影響を生み出す公害が発生していたが，のちに排出を規制する法整備や脱硫装置の義務づけといった対策が進み，現在では状況は改善している。

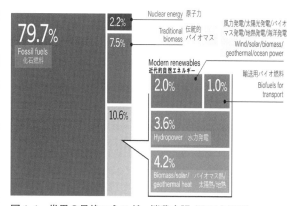

図 1-1　世界の最終エネルギー消費内訳（2017 年推計）
出所：REN21, 2019 年を一部改革

温室効果ガスの排出について，化石燃料を燃やすことで二酸化炭素（CO_2）が排出される。CO_2 には健康に影響を与える毒性はないものの，大量に大気中に放出されることで，地球から宇宙に放出されるはずだった太陽エネルギーを滞留させ，結果として気温を上昇させることとなり，地球温暖化問題を加速させてしまう。

また，1970 年代に起こった石油危機に象徴されるように，化石燃料の価格は国際的に変動するため，戦争や産出国の政治動向などによって急激に高騰することもあり，消費者が多大な経済影響を被るリスクもある。

このように，化石燃料の利用を続けていくかぎり，地球環境に不可逆的な影響が発生しつづけてしまうことから，2030〜2050 年という中長期的な方向性としては化石燃料ゼロをめざしていくことが必要となる。

(2) 原子力

原子力発電は，少ない資源で大量のエネルギーを安価で安定的に生み出し，大気汚染も発生させないエネルギーとして，石油危機以降，先進国で導入が推進されてきた。しかし，1976年にアメリカで発生したスリーマイル島原発事故，1986年にウクライナで発生したチェルノブイリ原発事故という2つの過酷事故を受け，各国で反原発運動が活発化し，デンマークのように原子力発電の採用を放棄する国も現れるようになったが，その後も推進は続いた。1990年代以降，温暖化問題が議論されるようになり，2000年代後半に世界経済危機が訪れると，経済・温暖化対策としてのグリーンニューディール政策の一環として，先進国から新興国への原子力発電事業輸出を試みる「原子力ルネッサンス」という動きが活発化した。しかし，2011年3月11日に東日本大震災および福島原発事故が発生し，改めて原子力発電の過酷事故が社会経済に与える影響の大きさや不可逆性が世界的に再認識されることとなり，ドイツなど多くの先進国が脱原発の方針を打ち出すに至っている。

原子力発電には，3.11で示されたように，事故発生のリスクをゼロにすることができず，一度事故が発生すればその被害は甚大かつ不可逆的なものとなるという課題がある。そのうえで原子力発電所を稼働するのであれば，安全対策を強化する必要があるものの，上乗せされる安全対策コストを考慮すると，当初うたわれていたコスト競争力というメリットは失われると考えられるケースが多く，経済性の面でも疑問が付されている。また，立地地域への経済効果は，実際にはきわめて限定的であったことも検証されている（原子力市民委員会，2018）。

そして，なによりも使用済み高レベル放射性廃棄物の最終処分問題は必ずしも解決されていないため[1]，原子力発電を持続可能なエネルギーと考えることはむずかしく，化石燃料と同様に原子力もゼロをめざしていくことが必要となる。

(3) 再生可能エネルギー

再生可能エネルギー（以下，再エネ）は，自然資源を再生可能な範囲でエネル

ギーとして利用するため，持続可能な社会を形成するうえでの基盤となる。現代的なエネルギー技術としての再エネの多くは，1970年代の石油危機をきっかけに開発が始まったが，当時は性能・コストともに不十分であったため，大幅な普及にはつながらなかった。

　しかし，1980年代のデンマークや米国カリフォルニア州での風力発電の初期導入や1990年代のドイツの自治体での太陽光発電導入促進の仕組みなどの経験が積み重なり，欧州を中心に「政策によって再エネ導入の障壁を取り除き，市場を形成して普及を促進し，コストを低下させる」という考え方がとられるようになっていった。そして，この考え方を体現するかたちで，2000年にドイツ政府が採用した「固定価格買取制度（Feed in Tariff：FIT）」が，本格的な再生可能エネルギーの普及開始のマイルストーンとなった。

　FITは，再エネ由来の電力について，投資回収が可能となる水準で売電価格を法律によって定め，電力会社が優先的に20年間買い取ることを義務づける政策である。この政策により，発電所を所有する再エネ発電事業者は，投資回収の見通しをもつことが可能となるため，事業開発への投資が進む。いっぽう，売電価格は一般の電力価格よりも高くなるため，その差額はすべての消費者の電気代に賦課金として上乗せされて回収され，最終的には発電事業者に支払われることとなる。消費者にとっては，負担の増加とみられることが多いが，実際には再エネの普及が進むことでエネルギー自給率が向上し，温室効果ガスの排出が削減されるなど，直接／間接に便益が生まれている。

　このように経済メカニズムのなかで再エネ投資を促進するFITは，2000年代を通じて欧州各国で採用されるようになり，その成功に追随するかたちで北米やアジアでも採用する国や州が増え，2018年には累積で世界111の国や州でFITが採用されている（表1-1）。

　FITが国際的に広がっていくとともに，再エネ電力の導入も世界的に進み，とくに風力発電の累積設備導入量は2009年の150GWから2018年には563GWへと約3.7倍に増え（図1-2），太陽光発電は同じく2009年の23GWから2018年には485GWへと約21倍に増えている（図1-3）。

表 1-1　固定価格買取制度を採用した国および州（2018 年までの累積）

Year	Cumulative #[1]	Countries/States/Provinces Added That Year
1978	1	~~United States~~[2]
1988	2	Portugal
1990	3	Germany
1991	4	**Switzerland**
1992	5	Italy
1993	7	Denmark; India
1994	10	Luxembourg; ~~Spain~~; Greece
1997	11	Sri Lanka
1998	12	~~Sweden~~
1999	14	~~Norway~~; Slovenia
2000	14	[None identified]
2001	17	Armenia; France; Latvia
2002	23	Algeria; Austria; ~~Brazil~~; Czech Republic; Indonesia; Lithuania
2003	29	Cyprus; Estonia; Hungary; Slovak Republic; ~~Republic of Korea~~; Maharashtra (India)
2004	34	Israel; Nicaragua; Prince Edward Island (Canada); Andhra Pradesh and Madhya Pradesh (India)
2005	41	**China**; Ecuador; Ireland; Turkey; Karnataka, Uttar Pradesh and Uttarakhand (India)
2006	46	Argentina; Pakistan; Thailand; ~~Ontario (Canada)~~; Kerala (India)
2007	55	Albania; Bulgaria; Croatia; Dominican Republic; Finland; Macedonia FYR; Moldova; Mongolia; South Australia (Australia)
2008	70	Iran; Kenya; Liechtenstein; Philippines; San Marino; Tanzania; Queensland (Australia); Chhattisgarh, Gujarat, Haryana, Punjab, Rajasthan, Tamil Nadu and West Bengal (India); California (United States)
2009	81	**Japan**; **Serbia**; ~~South Africa~~; Ukraine; Australian Capital Territory, **New South Wales** and Victoria (Australia); Chinese Taipei; Hawaii, Oregon and Vermont (United States)
2010	87	Belarus; Bosnia and Herzegovina; Malaysia; Malta; ~~Mauritius~~; **United Kingdom**
2011	94	Ghana; Montenegro; Netherlands; Syria; **Vietnam**; Nova Scotia (Canada)[3]; Rhode Island (United States)
2012	99	Jordan; Nigeria; State of Palestine; Rwanda; Uganda
2013	101	Kazakhstan; Pakistan
2014	104	Egypt; Vanuatu; Virgin Islands (United States)
2015	104	[None identified]
2016	104	Czech Republic (reinstated)
2017	107	Zambia; Vietnam; Massachusetts (United States)
2018	107	[None identified]

注：ドイツは FIT の原型となる「電力供給法」を 1990 年に導入している。日本は 2009 年に家庭用屋
　　根上太陽光発電の余剰電力に限定した FIT を導入している。棒線の入っている国や州は FIT を
　　終了している

出所：REN21, 2019 年 https://www.ren21.net/gsr-2019/tables/table_11/table_11/

　そして，こうした普及の拡大に伴って，当初は高いと考えられていた再エネ
のコストは著しく低下した。とくに世界の太陽光発電の均等化発電原価は，
2010 年に 0.371 米ドル／ kWh（約 40 円／ kWh）だったが 2018 年には 0.085 米
ドル／ kWh（約 9.4 円／ kWh）と 77％下がっている（図 1-4）。また，陸上風力
発電については，すでに従来の火力発電に競合する水準までコストが下がって
いる。政策による導入拡大とコスト低下が加速するにつれて，「再生可能エネ
ルギー 100％」の未来が専門家の間で議論されるようになり，2010 年代を通じ
てさまざまな研究機関や NGO から 2050 年の長期を見据えた再生可能エネルギー

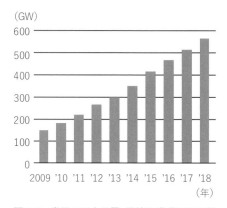

（GW）

図 1-2　世界の風力発電 累積設備導入量の推移

出所：IRENA, 2019 年 a

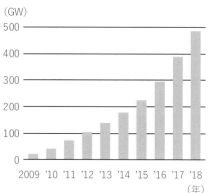

（GW）

図 1-3　世界の太陽光発電 累積設備導入量の推移

出所：図 1-2 と同じ

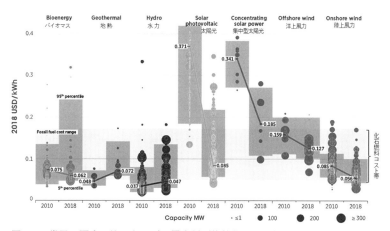

図 1-4　世界の再生可能エネルギー電力種別均等化発電原価（2010～2018 年）
出所：IRENA, 2019 年 b を一部改変

100％シナリオが続々と発表されるようになった。それらのシナリオが示すさらなる再エネの導入拡大とコスト低下の見通しに支えられ，2015 年には京都議定書後の国際枠組みである「パリ協定」が採択され，先進国，新興国，途上国のすべてが持続可能な再生可能エネルギーへの転換に取り組んでいく流れが

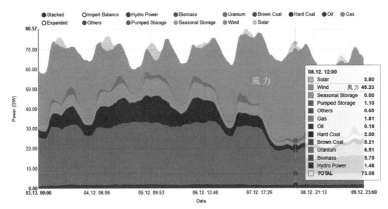

図1-5　風力発電が最も多かった週の発電量の推移（2018年）
出所：Burger, 2019年を一部改変

たしかなものとなった。

　いっぽうで，再エネの割合が増えるにつれて，どのように変動に対応するか
が電力システムの課題となっていった。太陽光発電や風力発電のように天候に
応じて出力が変動する「変動性再生可能エネルギー（Variable Renewable Ener-
gy：VRE）」には，従来の火力発電や原子力発電の運用の基本的な考え方であ
る「ベースロード」のような安定性がないという批判が多くみられる。しかし，
先行して再エネを電力システムに取り入れてきた国や地域では，系統運用者が
気象予測と電力系統を統合的に運用することで出力変動を予測しながら再エネ
を最大限受け入れつつ，「柔軟性（Flexibility）」と呼ばれるさまざまな調整手段
を駆使して時々刻々と需給調整を行っている。たとえば，2018年にドイツで
最も風力発電の割合が高かった12月8日12:00には，1時間当たりの総供給
電力に占める風力発電の割合は約60％（45GW）となり，その前後も変動はあ
りつつも電力システムは問題なく運営されている（図1-5）。

　このように，コストの高さや技術的な信頼性など，従来から再エネの弱点と
考えられていた課題の多くはすでに解決され，対応策の知見も国際的に集約さ
れている。また，2010年代後半からは分散型の蓄電池の普及がはじまり，家
庭を中心に太陽光発電＋蓄電池による自家消費モデルが各地で広がりつつあり，

再エネの生産と消費を自立して行う「プロシューマー」が現れている。同時に，輸送分野では電気自動車の普及が加速する動きがあり，自動運転車への展開も期待されている。さらに，ますます分散化が進む無数の再エネと需要家をネットワーク上でつなぎ，AI を駆使して需給調整などを最適化する「バーチャルパワープラント（Virtual Power Plant：VPP）」に代表されるような「エネルギーのデジタル化」も加速している。

いっぽうで，再エネは本質的に分散型であることから，普及が進むほど環境や社会との接点が増えていくため，開発の進め方によっては地域に反対運動や紛争をもたらすリスクもある。これまでの国際的な研究の知見をふまえれば，再エネの導入にあたり，できるだけ早い段階で地域のステークホルダーが参加する対話の場をつくり，直接／間接的に彼らが事業のオーナーシップをもつことができるようにすることで，社会的受容性を高めることができる可能性がある。このような地域参加型の事業では，合意形成に時間を要するものの，最終的には再エネの便益が地域に分配されるため，地域のステークホルダーが地域の資源の価値を経済的・社会的な実感をもって理解できる[2]。

（4）SDGs の視点からみたエネルギー転換

ここまでみてきたように，持続可能な社会をめざすうえでは，化石燃料および原子力の利用を早期に減らし，徹底的なエネルギー効率化と再生可能エネルギーの普及拡大を推し進めていくことが中心となる。その際に，省エネや再エネが地域社会にもたらす多様な便益を SDGs の視点から理解することで，取り組みを進める意義がより明確になる。

とくに，途上国で基本的なエネルギーアクセスがない場合，たとえば安価な太陽光ランタンによる照明が導入されることで，夜間でも子どもの勉強が可能になることから目標「4. 質の高い教育をみんなに」に寄与する。また，日々の調理・暖房に伝統的バイオマス（薪や枝など）を利用している場合，高効率の近代的バイオマス設備が導入されることで，屋内の空気汚染がなくなり，また，主に女性が担っている燃料収集の負担も改善されることから，目標「3. すべ

ての人に健康と福祉を」「5. ジェンダー平等を実現しよう」に寄与する。地域コミュニティが再エネを所有するかたちで導入する場合，そこで生み出すエネルギーを使って新たな経済活動と産業基盤を形成することが可能になり，それによって貧困や飢餓を減らすことにつながるため，目標「8. 働きがいも経済成長も」「9. 産業と技術革新の基盤をつくろう」「1. 貧困をなくそう」「2. 飢餓をゼロに」に寄与する。

　電力のみならず，熱や輸送分野でのエネルギー転換が進むことで，都市部での大気汚染などが減り，CO_2の排出も減ることから目標「11. 住み続けられるまちづくりを」「13. 気候変動に具体的な対策を」に寄与する。また，都市部の家庭やビジネスが自らの消費するエネルギーがどこから来るのかを考え，より再エネ割合の高いものを選んで消費するようになることで目標「12. つくる責任 つかう責任」にも寄与する。

　そして，そもそも従来のエネルギー資源は世界の限られた場所に偏在しているため，産油国などに富が集中するという政治的構造があり，それらをめぐって戦争が繰り広げられてきた歴史がある。いっぽうで，太陽光発電をはじめとして，再エネ資源はあらゆる場所で利用することが可能であり，国際的な技術・経済協力のもとで従来型のエネルギー資源をもたない国や地域に再エネの自律的な資源利用が可能になれば目標「10. 人や国の不平等をなくそう」「16. 平和と公正をすべての人に」「17. パートナーシップで目標を達成しよう」に寄与する。

　このように，化石燃料・原子力から再エネへのエネルギー転換はSDGsのあらゆる項目と共鳴するものであり，単純な技術の置き換えにとどまらない社会変革を伴うことに留意することが重要となる。また，それゆえに，既存のエネルギー社会秩序の担い手からの強力な抵抗や新たなシステムの導入における試行錯誤と失敗も常に念頭に入れながら取り組みを進めていくことになる。

③ エネルギーと教育

　エネルギー転換を進めていくうえでは，さまざまなレベルで自ら実践するこ

とが最も効果的な教育となる。ここでは，社会全体，担い手，消費の3つのレベルに分けて，それぞれどのようなことを学び，理解し，実践することが必要となるのかをみていく。なお，紙幅の都合上，日本国内での取り組みを対象とする。

(1) 社会全体レベル

　社会全体レベルでエネルギー転換を進めていく際に，まずは国のエネルギーの現状がどうなっているかを市民が知ることが最初のステップとなる。国のエネルギーに関する情報は，主に経済産業省資源エネルギー庁がとりまとめ，毎年更新している。統計情報を読み解くにはある程度の基礎知識が必要となるが，たとえば「国内の電力消費量」といったようなかたちで，自身が知りたい情報を明確にしたうえで，1次データに当たりながら探っていくことで，資源とエネルギー消費の関係や温室効果ガス排出と産業分野の関係を理解することができるようになる。

　そのような社会全体のエネルギーの構造を理解したうえで，国のエネルギーの現状がなぜそうなっているかを問うことが次のステップとなる。たとえば，日本の再生可能エネルギーの発電電力量の割合は，2010年の10％から2019年には18％まで増えている（大型水力を含む）。「この期間にこれだけ再生可能エネルギーが増えたのはなぜなのか？」「どういった政策がこのような増加を可能にしたのだろうか？」といった問いを立てることで，前提条件の変化やその背景へと視点を移すことができるようになる。具体的には，2012年に固定価格買取制度が始まり，太陽光発電をはじめとして全国各地で新規参入が活性化し，投資が再生可能エネルギーに向かったことによって導入量が増えている。

　さらに，「なぜ固定価格買取制度は2012年に始まったのか？」といった問いを立て，当時の政策プロセスを調べてみることでより理解は深まる。当時，2011年3月11日の東日本大震災および福島原発事故を契機として，国のエネルギー政策は根本から見直されることとなり，エネルギー自給のリスク，原子力政策のあり方，発送電分離や電力市場の自由化，エネルギー政策決定過程へ

の国民の参加など，さまざまな論点で議論が展開されるようになった。そうしたなかで，原発事故の対応をめぐり退陣の圧力が高まっていた菅直人首相がその条件の1つとして掲げたのが，固定価格買取制度を規定する「再生可能エネルギー特別措置法案」の成立であった。この法案は，実際には3月11日の午前に閣議決定され，4月5日に国会に提出されていたものの，与党内でも産業界を支持母体にもつ議員から慎重論が出ていたため，審議は進んでいなかった。しかし，当時野党であった自民党も原発事故後の再生可能エネルギーの普及促進という点では合意しており，6月に入り首相退陣論が強まるなかで，超党派での議論が進んだ結果，2011年8月26日に同法案が成立し，翌年から施行されている。

このように，問いを立て，調べ，理解を深めるという学習プロセスを積み重ねることで「エネルギー転換は，技術の問題というよりは，政策および政治の問題である」ということが理解できるようになる。こうした学習プロセスをより有意義なものとするため，世界各国のエネルギー転換の状況や政策，ビジネス，技術の動向について，基礎的な情報を知っておくことも重要となる。世界の状況を知ることで比較が可能となり，ある政策や市場の動きが日本に固有のものなのか，世界的に共通の動きなのかを知ることができる。また，こうした情報は新聞や雑誌，インターネット上の記事や書籍などから得るだけでなく，専門家や市民団体が開催するセミナーなどでも得ることができる。より深く，専門的に知識を得たい場合は，エネルギー転換を推進するNPOや市民団体にボランティアもしくはインターンとして参加することも有効な方法である。

(2) 担い手レベル

エネルギー転換は，実際には誰がどのように進めていくのだろうか。ここでは，5つの主要な担い手にそれぞれどのような知識と経験が必要とされるのかをみていく。

■再生可能エネルギー事業者

エネルギー転換を進める最も直接的な当事者は，再生可能エネルギー事業者

である。再エネ事業者は，
太陽光や風力などの再エネ
資源が存在する場所で具体
的にどの程度エネルギーと
して利用できるのかを調査
し，立地や資源の権利者や
地域の関係者との調整を行
い，導入する設備を選定し，
多岐にわたる許認可を取得
し，資金を調達し，実際に
設備を導入して維持管理を
行いながら，生み出したエ

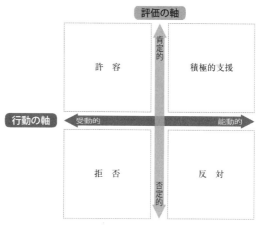

図1-6　社会的受容性の類型
出所：本巣・西城戸，2015年，31頁をもとに筆者作成

ネルギーを販売し，事業を経営する。再エネ事業者は，営利組織である民間企
業の形態をとることが多いが，地域の課題解決を目的とする非営利組織が収益
事業として行うこともある。

　再エネ事業者が最も重視すべき点は「コスト効率的な事業開発の追求」と「地
域との共生のあり方」である。前者については事業経営における基本であると
同時に，コスト効率化を図ることで消費者の負担を抑えるという公共的な意味
もある。後者について，再生可能エネルギー資源はあらゆる場所に分散して存
在するため，設備の導入が増えるにつれて必然的に地域社会との接点も増える。
そのため，地域のステークホルダーとの情報共有も行わないまま，「そこに資
源があるから」といった理由だけで導入を進めれば，事業への賛同を得られな
いだけでなく，場合によっては反対運動や紛争にいたる可能性もある。再生可
能エネルギーは，本来的に負の環境影響が少ないエネルギー種である一方，導
入プロセスの透明性やステークホルダーの参加のあり方次第で積極的に支援さ
れることもあれば，許容〜反対〜拒否されることもある（図1-6）。

　このような再生可能エネルギーの社会的受容を高めるための取り組みは，国
内では必ずしも実践が積み重ねられているわけではないため，海外の優良事例

などから学び，反映させていくことが期待される。たとえば，オーストラリアでは風力発電事業の計画プロセスでステークホルダーとの合意形成を専門的に担う「コミュニティ・エンゲージメント・オフィサー」をおき，地域社会との信頼構築を重視する事業者もいる。

■金融機関

金融機関は，エネルギー転換と地域経済循環を結びつける役割を担うことができる。再生可能エネルギー事業の資金調達の多くは，自己資金となる資本金（エクイティ）と金融機関からの融資（デット）を組み合わせて行われる。再生可能エネルギー事業の地域経済効果を分析した研究によれば，再エネ事業の資金調達が地域経済効果に与える影響は大きく，地域の主体が事業のオーナーシップをもち，信用金庫などの地域内の金融機関が積極的に融資を行うことで，再エネ事業が地域の経済活性化に貢献することが明らかになっている（小川・ヨーク，2018）。その意味で，地域の金融機関が果たすべき役割は大きいものの，地域の金融機関によっては再エネ事業の基本となるプロジェクトファイナンスもしくはそれに準じるかたちでの融資におけるリスク評価に関する知識や経験が浅く，融資の検討が進まないこともよくある。そのため，とくに地域金融機関は再エネ事業のリスク評価やファイナンス手法について学び，地元資本の事業への融資経験を積み重ねていくことが重要となる。

■自治体

自治体は，地域のエネルギー計画や戦略を策定し，さまざまなステークホルダーがエネルギー転換に取り組むうえでの基本的な枠組みを構築する役割を担うことができる。具体的には，2050年ごろまでの長期的な再エネ導入目標を定め，その実現に向けたロードマップと各種の取り組みを専門家や事業者，市民と議論を深めながらまとめることが求められる。実際に，世界の多くの都市や自治体が2040〜2050年ごろに再エネ100％を達成すべく目標を掲げ，小規模な自治体のなかにはすでに100％を達成しているところもある。

また，長野県のように体系的に政策パッケージを構築し，ステークホルダーそれぞれが果たすべき役割を明確にするだけでなく，実際の行動を誘発するた

めの制度的な枠組みを構築することも重要となる。たとえば，建築物の省エネ化を進めるうえで，建築事業者の技術向上のための支援を行うと同時に，建築主に対して建築事業者が環境性能の説明を義務づける「建築物環境エネルギー性能検討制度」を実施している（長野県，2013）。この制度によって，建築主は価格だけでなく，長期的なエネルギー収支や健康影響などの副次効果も含めて省エネ性能の高い建築物を選択することができるようになる。

　さらに，自治体には公共施設などの資産を活かし，太陽光発電や省エネ設備の導入を自ら率先的に行ったり，民間の地域エネルギー事業者に導入の機会を提供するといったことができる。

　このような自治体の取り組みを進めていくうえでは，環境部局だけでなく，全庁横断的な体制のもと，国内外の優良事例や失敗事例を収集し，成功や失敗の要因を徹底的に学習することが欠かせない。

■地域コミュニティ

　地域コミュニティは，地域に存在する再生可能エネルギー資源を見直し，活用するうえでのステークホルダー参加の場づくりを担うことができる。どのような主体がこうした役割を担うのかは，地域によって大きく異なるが，たとえば，地域活性化に取り組むNPOなどがエネルギー転換と地域活性化をテーマに勉強会やセミナー，ワークショップを開催して基礎的な知識を共有したり，具体的な再エネプロジェクトの計画づくりの場を企画するといったことが考えられる。

■教育機関

　教育機関は，エネルギー転換をテーマとして教育プログラムを展開することができる。とくに，大学のような高等教育機関は自らが大規模エネルギー需要家であることが多く，省エネや再エネの導入を学生参加型で実施することにより，実践的な学習機会をつくることができる。たとえば，千葉商科大学は2013年に大学所有地にメガソーラーを導入した際，それだけで大学の総電力消費量の約6割を賄うことができるとの指摘を受け，環境政策を研究するゼミで詳細を検証している。その後，学内の省エネポテンシャルを学生参加型で調

査し，空調や照明の運用，建物の省エネ性能などに省エネの可能性があること
を経験的に学んでいる。こうした試みは，学長のリーダーシップのもと，「自
然エネルギー 100% 大学」をめざす動きにつながっている。

(3) 消費者レベル

　社会全体レベル，担い手レベルでの取り組みに加え，消費者が持続可能なエ
ネルギーを積極的に選択していくことで供給側にシグナルを送ることができる。
　たとえば，2014 年からはじまったグローバル企業の再生可能エネルギー電
力調達イニシアティブとして「RE100」という動きがある。RE100 は，IKEA
をはじめとして Apple, Google, Facebook, Microsoft, Goldman Sachs, P&G,
UBS, Unilever など，幅広い分野で世界的に活動する大企業が自らの消費電
力を将来的に 100% 再生可能エネルギーに転換させることをコミットするもの
である。需要側が選択的に再生可能エネルギーを求めていく宣言が可視化され
ることで，供給側は買い手の存在を期待できるようになり，再エネの新規導入
に向けたリスクを減らすことにつながる。グローバル企業に限らず，中小企業
や自治体などでも，積極的に再エネを選択していくことで需要側からエネルギー
転換を進めることができる。
　また，家庭や個人でも同様の取り組みは可能であり，たとえば，自宅の電力
契約を見直し，大手電力会社以外の「新電力」と呼ばれる事業者へと切り替え
ることができる。その際に，価格面で安い事業者を選ぶことも大事だが，調達
する電力の構成が開示されていて，とくに再エネ割合を多く調達している新電
力や，収益の一部を地域活性化などに充当している新電力などを選ぶことが望
ましい。
　以上のように，社会のあらゆる分野や場所でエネルギー転換を学び，実践す
る機会があふれている。エネルギー転換は，まさに現在進行形で起こっている
現象であることから，日々その知見は更新され，新たな取り組みが生まれる。
そのため，まずは自分の足下でどのような実践の機会があるのか，自分の住む
地域でどのような実践の機会があるのかを探っていくことからスタートするこ

とが重要であるといえる。

4 エネルギー転換への課題と可能性

　ここまで，エネルギーに関する基礎知識，化石燃料・原子力から再生可能エネルギーへの転換の現状とSDGsとの関係，実践的にエネルギー転換を学びながら進めていく際の担い手ごとの役割と機会などをみてきた。今後，こうした動きをさらに加速させていくうえで，どのような課題と可能があるのだろうか。

　まず，日本では福島原発事故を通じて，原子力発電のリスクが発現した場合に不可逆的な被害を生み出してしまうこと経験しているにもかかわらず，国の方針としては原子力からの脱却を明確にしていないという点で課題が残る。ドキュメンタリー映画『日本と原発 4年後』(河合, 2015) で描かれているように，原子力ムラと呼ばれる利権構造は非常に強固であるため，これを解体することは簡単ではない。

　つぎに，化石燃料からの脱却に向けた中長期的な見通しにも課題が残る。ESG投資を重視する金融の流れのなかで，今後，化石燃料による大規模エネルギー設備への新規投資は急速に衰えていくことが予測される。電力については，再生可能エネルギーへの転換が今後もさらに進んでいくことが期待できる一方，熱・輸送分野のエネルギー転換にはまだ不確実な要素が多い。また，気候変動問題に対応するうえで科学が要請するスピードで転換を進めていくことができるのかについても課題が残る。

　こうした課題がある一方，本章でみてきたように，再生可能エネルギーの成長とコスト低下は著しく，私たちの予想をいい意味で裏切りながら，今後も導入は加速していく可能性が高い。ただし，社会的受容の観点からみてきたように，導入プロセスの透明性やステークホルダーの参加のあり方次第で再生可能エネルギーの社会的な位置づけや波及効果は変わってくるため，地域と共生する再生可能エネルギーとはどういったものなのか，幅広いステークホルダーの学びと対話のもとで模索していく必要がある。

　持続可能なエネルギー社会の構築に向けた選択肢はすでにそろいつつある。

その実現は，あらゆるステークホルダーが持続可能なエネルギーについて学び，機会を見いだし，実践することができるかどうかにかかっている。

注
1) 世界で唯一，フィンランド・オルキオルト島の「オンカロ」で最終処分場の建設が進められている。
2) 地域オーナーシップによる再生可能エネルギーの普及を重視する世界風力エネルギー協会は，世界各地で取り組みを進める実践者や研究者と議論を重ね，2011 年に 3 つの基準を発表し，少なくとも 2 つを満たすプロジェクトが「コミュニティパワー」であると定義している：(1) 地域の利害関係者がプロジェクトの大半もしくはすべてを所有している，(2) プロジェクトの意思決定はコミュニティに基礎をおく組織によって行われる，(3) 社会的・経済的便益の多数もしくはすべては地域に分配される。

参考文献
河合弘之監督 (2015) ドキュメンタリー映画「日本と原発 4 年後」
原子力市民委員会 (2018)『原発立地地域から原発ゼロ地域への転換』
小川祐貴・ヨークスミヤラウパッハ (2018)「再生可能エネルギーが地域にもたらす経済効果—バリュー・チェーン分析を適用したケーススタディ」『環境科学会誌』31 (1)，34-42 頁
長野県 (2013)「長野県環境エネルギー戦略：第三次 長野県地球温暖化防止県民計画」
本巣芽美・西城戸誠 (2015)「再生可能エネルギーの社会的受容性」丸山康司・西城戸誠・本巣芽美『再生可能エネルギーのリスクとガバナンス—社会を持続していくための実践』ミネルヴァ書房，25-55 頁
BurgerBruno (2019) *Net Public Electricity Generation in Germany in 2018*, Freiburg, Germany: Fraunhofer Institute for So*lar Energy Systems ISE*.
IEA (2010) *World Energy Outlook 2010*, *Paris: IEA*.
IRENA (2019a) *Renewable capacity statistics 2019*, Abu Dhabi: International Renewable Energy Agency (IRENA).
IRENA (2019b) *Renewable Power Generation Costs in 2018*, Abu Dhabi: International Renewable Energy Agency (IRENA).
REN21 (2019) *Renewables 2019 Global Status Report*, Paris: REN21 Secretariat.

実 践 　いわきおてんと SUN プロジェクト

1 いわきおてんと SUN 企業組合の結成に至る経緯

東日本大震災後，福島県いわき市において未来志向の取り組みを行う主体を生み出そうと，１つの取り組みが始まった。その取り組みの名前は「いわきおてんと SUN プロジェクト」。それは，特定非営利活動法人ザ・ピープル（理事長：吉田恵美子），NPO 法人ふよう土 2100（当時理事長：里見喜生），NPO 法人インディアンヴィレッジキャンプ（当時副代表：島村守彦）という３つの異なる NPO 法人がコンソーシアムを組み，それぞれの取り組みを連携させて実施。それによって，事業の採算性と継続性を担保しようというものであった。

そのきっかけとなったのは，2011 年 12 月いわき市常磐湯本温泉にある里見の経営する温泉旅館古滝屋などを会場として開催された，認定 NPO 法人 JKSK（女性の活力を社会の活力に：当時理事長：木全ミツ氏）主催の第２回結結プロジェクトの席上での出会いであった。結結プロジェクトとは，首都圏在住の社会的に力のある女性たちと，東日本大震災の被災地で現状を打開するために何らかの動きを生み出したいともがいている女性たちとを結びつけるために，車座になって語り合う場づくりを重ねた事業である。2011 年 7 月の宮城県亘理町での第１回開催以降，被災３県を会場に催された。吉田と里見が第１回に参加していたことから，第２回の開催をいわきで行ってはということになり，いわきで開催するのであれば，福島第一原発事故の被災地であることをふまえ，原子力発電に依存しない再生可能エネルギーの可能性を探ることをテーマに設定し，「未来のエネルギーを考えるシンポジウム」というかたちをとることとした。そこで，いわき市内で再生可能エネルギーの取り組みを行っていた筆者に参加要請があった。

吉田は，震災前は古着リサイクル活動を中心に循環型社会づくりを進める活動を行っていた。しかし震災後は，被災者・避難者支援の活動をスタートさせるとともに，耕作放棄地対策と人のつながりの再生をめざして，有機農法での在来種のコットン栽培からものづくりに至る「ふくしまオーガニックコットンプロジェクト」を立ち上げ，市民活動的な栽培に取り組んでいた。そのなかで，収穫したコットンを使って商品を生み出す過程を営利事業のできない NPO 法人内で進めることに限界を感じ，別な枠組みでの取り組みの必要性が認識されはじめていた。

里見は，震災で大きなダメージを被った旅館の再生と同時に，震災前から温泉地湯本の活性化を目的とした「フラオンパク」の取り組みを通し，培ってきた全国のネットワークの関係者を中心に，震災後のいわきを訪れる人たちに対してここでしか得られない学びを伝えようと，復興への取り組みを学習する復興スタディツアー事業の受け入れを開始していた。

筆者は，震災直後から自身のもつ太陽光発電関連の技術力を生かして津波被災エリ

第 1 章　エネルギーをみんなに　そしてクリーンに　35

アに明かりを届ける活動を実践しており，所属するNPO法人の先行きが見えないなか，新たな枠組みのなかでの動きを生み出す時期にきていた。そうした3NPO法人を運営する3人にとって，震災後の福島の現状を打開するためには，個々の団体の枠に閉じこもっていては超えられない壁が多く，相互に力を出し合えるようにコンソーシアムを組んで動くことは，当時1つの必然のように思われたのであった。

　このコンソーシアムでは，一般社団法人ロハスビジネスアライアンス共同代表・大和田順子氏のアドバイスを得ながら，総務省「緑の分権改革被災地復興モデル調査事業」の採択を受けて2013年3月まで「オーガニックコットン」「福島ならではのスタディツアー」「市民コミュニティ発電」という3事業を共同で実施した。その間に，さらに事業の継続性を高めようと企業組合の組織化をも進めたのである。

② 筆者にとっての再生可能エネルギー

　震災当時，筆者はいわき市内でオール電化のリフォーム業を営んでいた。転勤族のサラリーマン生活にピリオドを打ち，4年目の出来事だった。関西出身の筆者がそのような人生の選択をした背景には，1995年に発生した阪神大震災に遭遇したことが要因となっている。阪神大震災の体験時，都市ガスの復旧の遅れにより入浴も，調理もできず，カセットコンロも頼みのボンベが入手できない状態のなか，近隣の関西電力に勤める方の住いのみがオール電化住宅で，翌日には復旧した電気により不便なく暮らしていることにたいへんな驚きを感じ，これからはオール電化の時代が来るとの確証をもつようになっていた。また，予期しない自然災害により多くの人命が失われるなか，筆者は勤めていた会社で日々新聞に掲載される死亡者リストと顧客の照合を行い，所在不明となった顧客の追跡作業を1年間担当することになり，多くの人の面影を追うなか，自身の人生について深く考えるようになった。それは筆者の人生観を大きく変える体験であった。

　定年後には転勤で暮らした自然豊かないわき市へ移住し，のんびりと田舎暮らしをと考えていた筆者は，いち早くそうしたいと考えるようになり，阪神大震災による顧客追跡が落ち着いた3年後，福島への転勤希望で郡山市に転勤した。週末はいわきで求めた土地にログハウスを建てる生活を始めた。3年後，ログハウスの完成を機に20年勤めた会社を早期退職し，身内が1人も居ないいわき市にIターン，オール電化の事業を独立開業した。債務をかかえるなか，太陽光発電へと業務を広げることにより，ようやく事業が軌道に乗り始めたなか発生したのが東日本大震災であった。

　原発事故により避難地域となった双葉地区の大熊町，富岡町，楢葉町，広野町は原発が立地していることにより，太陽光発電に対する地域の補助金やオール電化についても積極的に推進されていたこともあり，顧客の7割以上の方が暮らしていた場所であり事業を支える地域だった。そのため，筆者は震災により顧客の多くを一挙に失うということになった。

　そんななか，筆者のもとに津波により多大な被害を受けた地域への支援活動として自然エネルギーでの電源供給の依頼の電話が入った。依頼は，原発から14Km地点に

あるエム牧場（希望の牧場ふくしま）への電源の供給というものだった。牧場の放射線量が高いため，若い人には行かせられないので50歳以上で太陽光による電源設置ができる人を捜しているとのことだった。放射線量の不安はあるものの，50歳以上，太陽光の設置という条件なら自分が行くしかないと覚悟のもと，南相馬市役所で立ち入り許可を取り現地に向かった。牧場では電気は震災の影響で止まったまま，20Km圏内との理由で復旧の予定すらない状態のなか，国より殺処分を命じられた牛たちが牧場の隅にわずかに残ったため池の水で命をつないでいた。放射線量計が34マイクロシーベルトを示すなか，太陽光パネルと蓄電池を設置し井戸ポンプを動かし水を出すと，歓声と拍手が沸き出し，早速多くの牛たちが集まり水を飲みだした。牧場から見える福島第一原発とは正反対の自然エネルギーによる電気が原発事故被災者でもある牛たちに命を与え，かかわる人に希望を生み出す瞬間であった。

その後も，太陽光発電による被災地支援は続き，津波被害を受けた地域での電力供給に始まり，徐々にインフラが回復するにつれ，原発事故により被害を受けた障害者施設や農家への発電システム寄贈による支援活動は，電源を失った場所への太陽光による独立電源の供給から，系統連携太陽光システムから売電収入が得られる支援へと内容が変わっていった。この自然エネルギーによる支援活動は，新たなエネルギーとして代替え案をもった脱原発への福島の声となり広がっていった。

このような活動と平行し，震災直後の大混乱から少し落ち着きを感じる2011年12月より，いわき市の助成を受けて取り組んだのが，自然エネルギーの普及啓発活動だった。その活動の1つは市民手づくりによる太陽光パネルの制作だった。仮設住宅に避難されている原発立地地域の皆さんの参加も得て，半田ごてを使って制作した太陽光パネルを津波被災地域の久之浜に設置した。そのほかにも公園でのクリスマスイルミネーションを太陽光発電と風力発電で灯すなどを行い，支援活動を行う首都圏アーティストたちと発電した電気を使って子どもたちとクリスマスイベントを開催するまで広がりをみせていった。

自然エネルギーは暗い被災地を照らすだけではなく，被災者の心にも明かりを灯す，そのことに自分がかかわれることに使命を感じるときでもあった。その場所が暗ければ暗いほど，一筋の明りはどんなに小さくても人に希望と勇気を与える。その明かりが原発ではなく，自然エネルギーであること，それが脱原発の思いを伝える福島の声として広がりをみせたのである。

③ いわきおてんと SUN 企業組合自然エネルギー部門の取り組み

筆者が中心となって，いわきおてんと SUN 企業組合の自然エネルギー事業部門は形成されていった。震災後の被災地での取り組みということで，緊急雇用による人材の確保なども含め，数年間は事業アイデアが固まりさえすれば，財源と人材はある程度ついてくるという恵まれた経営環境があったことはまちがいない。筆者が個人的に取り組んでいた小さな事業の規模を拡大し，めざすところをクリアにする取り組みがスタートした。それは，①コミュニティ発電所の建設，②自然エネルギー学校の運営，

③自然エネルギーによる電源供給，レンタル事業の３つの取り組みに大別された。

（1）コミュニティ発電所の建設

　震災後，FIT による売電時の買取価格が 42 円という高値に設定されていた時期，福島県内でもメガソーラーや洋上風力などの再生可能エネルギーのニュースが流れ，盛んに企業誘致が行われていた。しかし，多くは中央の大企業資本によるものであり，地域経済や復興へとつながるとは感じられないものが多かった。自分たちが自力で自然エネルギーによる小規模な発電所をつくり出し，自分たちの地域のために使用する。その理想のかたちを体現するための事業が「コミュニティ発電所」建設の工事だった。誘致とは真逆のやり方で，規模は小さくても自分たちでつくり上げる，そんな理想を実現させることが福島からの声でもある。そんな思いで，3NPO 法人のコンソーシアムの時期に筆者たちは事業に着手。建設用地として，友人から格安で譲り受けた山林700 坪を活用することにして，2012 年 8 月より林の伐採に取りかかった。発電所には「いわきコミュニティ発電所」と名付けた。

　その手法は，個人や企業からの復興支援ボランティアと地域住民とが一緒になって整地からパネルの設置までを行うものだった。資金については，福島県の太陽光発電実証事業（草の根部分）に応募し採択され，建設費の 3 分の 1 の補助を確保，残り 3 分の 2 は地元の信用組合からの借り入れにより賄った。

　発電所づくりを通じて人材育成と新たなコミュニティの形成を行い，専門家の指導さえあれば素人では困難だと思われた発電所建設が市民レベルで手づくりできることを実証。その成果を広め，地域住民が学んだ技術により自ら発電所をつくり，その電気を活用する，そんな新しい福島スタイルの発電所を地域に広げることをめざした。実際に，伐採が半分ほど進んだ 2013 年の 1 月よりボランティアの受入を開始。その作業は，樹木の伐採と抜根作業，太陽光パネルを設置するコンクリート基礎を埋める穴を掘り，コンクリートを練る作業では川に水を汲みに行き，フレームの組み立てからパネルの設置までにわたった。重機を使うことなく，ほとんどを手作業で，ボランティアとともに大粒の汗を流して完成させた。発電所建設に参加した農家では友人の電気工事士と 2 人だけで約 5K の発電所を自宅に建設。LIVEハウスオーナーは若手ミュージシャンと 50K 弱の発電所を 2 カ所つくり上げ，ボランティアの宿泊先となった温泉旅館も 20K の発電所を建設することとなった。

　2013 年 4 月 25 日より発電所として運転をスタート。毎月 20 万円弱をパ

再生可能なエネルギーと有機農業を活用した持続可能な未来の里山（イメージ）

ルシステム電力に対して売電をし，2020年4月には借入金の償還を済ませることができた。そして，それ以降の売電収入は組合を通じて地域づくりに使っていくことを計画している。この建設工事にかかわったボランティアの人数は200名を超えた。タイヤメーカーのブリヂストンが趣旨に賛同し，多くの力強く心強いボランティアチームを派遣してくれた。このボランティアチームの受け入れは，単なる現場作業ではなく，津波被災地の案内や，復興商店街への訪問，コットン畑での農作業もあわせて行い，作業後はワークショップを通じて明日のいわきをともに考えるという，「被災地復興スタディツアー」として意味深いものになり，ともに汗を流す仲間としての関係に変わっていった。

(2) 自然エネルギー教室の開催

　発電所建設と平行し，半田ごてを使って太陽光パネルを手づくりするワークショップ活動も進めた。この事業には，ブリヂストンと早稲田大学が共同で行う研究助成であるW-BRIDGEからの支援を得ることができ，仮設住宅やいわき市内の小中学校にて講習会を開催した。仮設住宅では，原発事故により双葉地区8町村から避難されている方々と太陽光パネルを手づくりし，仮設住宅内の集会場に明かりを灯した。また，小中学校では児童・生徒たちとつくった太陽光パネルを使って防犯灯を立てた。

　これらの目的は，自然エネルギーは特殊なものではなく，ちょっとした知識で自らつくり活用できるものであることを広く伝え体験し学ぶこと，その学びが福島の未来を担う人材へとつながればとの思いによるものだ。

　こうした取り組みのなかから，実際にソーラーパネルを手づくりした子どもたちからの「自分たちは世界中の人から震災のときにたくさんの応援をいただいた。だから今度は自分たちがお返しをする番だと思う」との声を受けて，ネパール地震で多大な被害を受けた子どもたちへの交流型支援を，登山家の故栗城史多氏の協力を得てスタートすることになった。

(3) 自然エネルギーによる電源供給，レンタル事業

　自然エネルギーにかかわる事業を広げるなか，地域活動や復興イベントを商用電力ではなく，自然エネルギーで行いたいとの相談が多くなったことから，独立電源を活用したコンサート，クリスマスイルミネーション，イベントなどのライトアップを手掛けることも行っている。

　その場所には電源がないわけではなく，商用電源があるのに自然エネルギーをあえて使いたい，代替え案を示した福島県民の主張だ。実際に自然エネルギーのみを使ってイベントを開催するのはたいへんな労力がいるが，イベント主催者には今まで考えることがなかったコンセントの先を考え，そこに自然エネルギーを使うことに福島の思いを込めるという深い考えがそこにはあった。

　手づくりのステージで演奏するバンドのメンバーは自分たちが使う機材の消費電力を1つ1つ調べ，演奏が終わると電源を落とす。PA（音響）担当は消費電力の少ない

機材を選び，最小限のシステムで会場に音を響かせる工夫を行った。そして彼らは，その意味と意義を届けるメッセージとして演奏した。

4 未来に向けた技術連携

　震災後の被災地では社会状況はその時々で大きく変わった。ある時期までほかからの支援の上に立って順風満帆であるようにみえていた事業が，ある日突然頓挫するという事例が数多くみられた。流入する多額の支援に依存し，身の丈に合わぬほどに拡大した事業規模を維持できなくなったことが頓挫の原因であることが少なくなかった。そんななか，FIT による売電価格の下落もあり新たな発電所建設を縮小し，独立電源（オフグリッド）により自分たちが必要とする最低限の電力を手づくりし技術を伝えるという，自分たちでしかできない事業に福島の想いと経験に感謝を込め支援される側から支援を行う側に体制をシフトしている。現在，進めている事業のメインは，特定非営利活動法人 ザ・ピープルとの連携による事業（①天空の里山での独立電源開発，②ミクロネシアの離島でのソーラーミシンによる女性の自立支援事業），そして，登山家・故栗城史多氏の遺志を継いで進める事業（ネパールで明かりを燈す活動）である。

　筆者は今日本で巻き起こる SDGs の流れに疑問を抱く一人である。突然沸きあがるように蔓延しだした SDGs の四文字。筆者の活動に対して物差しを当て，これはSDGs ではない，これはこの項目に該当すると研究者，専門家と呼ばれる人たちに査定される。あるときには，あなたの活動は SDGs ではないと突然批判さえることもある。筆者の活動は評価を得たくて行っているわけではなく，出会った人たちに自分ができるベストを尽くすこと，村人，島民と交流，またあるときは衝突を越えて信頼される喜び，自然と生きるノウハウを学び食し体が感じる喜びかもしれない。TVやネットで流れる募金活動の広告と同じような環境の村にも行くが，村人は自分たちが貧しいと思われているなんてまったく考えておらず，それが普通の日常であったりする。そのなかに小さな明りがあれば子どもたちが学ぶという選択肢を増やし，蝋燭（ろうそく）による火災を防げる。それを寄付ではなく技術を楽しく伝え自分たちがつくること，そこから村人たちの意識が変わっていき，子どもを学校に行かせたいと親が言い出したり，もっと子どもたちが学校に来たがるように先生たちが考えたりする。

　豊かといわれる便利で快適な生活のなかで，自分たちさえよければ環境や持続性に配慮してなかったのではないだろうか。事業性を高めるために誰かを置き去りにし，ただ利用してきたのではないだろうか。筆者自身も加害者の一人でもある。それに気づかされたきっかけは 3.11 であり，その後巻き起こる自然災害とコロナウイルスの世界的流行である。地球が私たち人間に対して浄化に動き出したと感じる。

　世界とつながることが容易になった今，地球で発生するさまざまなイレギュラーな事態を身近に知ることができる今，私たち一人ひとりが考え行動することで最悪の事態を防げるかも知れないのである。大切なのは未来に希望を渡すために身の回りから見直すことだと考える。

第2章
働きがいも 経済成長も
包摂的かつ持続可能な経済成長及びすべての人々の完全かつ生産的な雇用と働きがいのある人間らしい雇用（ディーセント・ワーク）を促進する

　目標8は，全体としてさまざまな矛盾を内包するSDGsにおいて，とくに代表的な矛盾を背負う。まず「持続可能な開発」と「経済成長」の矛盾だ。「持続可能な開発」概念が登場した背景には，人間が経済成長を求めて地球環境を破壊し，社会の格差を増大してきた事実がある。つぎに，「働きがい」と「経済成長」の矛盾だ。「働きがい」は，英文では「ディーセント・ワーク（まともな仕事）」と記され，十分な収入，職場の安全，家族への社会保障，自身の成長，社会への参画，不安や不満を表明したり自身に影響を及ぼすような意思決定に参加したりする自由，差別のない環境などが保障される，公正な労働のあり方を表す（国際労働機関：ILO）。しかし現実には，「経済成長」のために個人の心持としての「働きがい」が利用されたり，「公正な労働」がないがしろにされたりする。「経済成長」に対し「環境保全・社会的公正」や「働きがい」をどれだけ重視するか，立場によってその加減は異なる。経済的，政治的に力のある者の解釈が優先されれば，それはしばしば「経済成長」の優先を意味する。

　目標8は，これら矛盾を解消できるのか。そのターゲットは，とくに弱い立場にある人々の状況を改善する必要性を強調しており，そこでは教育が大きな役割を果たす。不公正を生み出してきた社会システムに立ち向かい変革するエンパワメントとしての学習が，どのような立場にある者にとっても不可欠だ。また，「経済成長と環境悪化の分断を図る」ために資源効率の改善が必要なことが記されているが，それだけでは不十分だ。多様な立場の人々が学習を通じ，経済成長と環境破壊を不可分のものとしてきたこれまでのシステムを変革していくことでしか，そうした分断を実現することはできない。

　新型コロナ感染症は，経済成長にも雇用・労働環境にも悲惨な影響をもたらし，とくに脆弱な立場にある人々をより深刻な状況へと押しやった。同時に経

済・社会活動の停滞による環境汚染の改善が進み，矛盾を浮き彫りにもした。2020年4月に発表された「COVID-19への即時の社会経済対応に向けた国連枠組み」は，とくに中小企業やインフォーマルセクターの雇用を守ること，弱い立場にある人々を支えるために必要な財政・金融刺激策をとることなどによって，以前の状態よりも，平等で持続可能な経済と社会を築く必要性をうたう。私たちはいま，目標8の先にある新たな経済と労働のあり方を創り出していくために，教育の可能性を発揮すべき局面に立たされているのである。(編者)

目標8. 包摂的かつ持続可能な経済成長及びすべての人々の完全かつ生産的な雇用と働きがいのある人間らしい雇用（ディーセント・ワーク）を促進する

8.1 各国の状況に応じて，一人当たり経済成長率を持続させる。特に後発開発途上国は少なくとも年率7%の成長率を保つ。

8.2 高付加価値セクターや労働集約型セクターに重点を置くことなどにより，多様化，技術向上及びイノベーションを通じた高いレベルの経済生産性を達成する。

8.3 生産活動や適切な雇用創出，起業，創造性及びイノベーションを支援する開発重視型の政策を促進するとともに，金融サービスへのアクセス改善などを通じて中小零細企業の設立や成長を奨励する。

8.4 2030年までに，世界の消費と生産における資源効率を漸進的に改善させ，先進国主導の下，持続可能な消費と生産に関する10カ年計画枠組みに従い，経済成長と環境悪化の分断を図る。

8.5 2030年までに，若者や障害者を含むすべての男性及び女性の，完全かつ生産的な雇用及び働きがいのある人間らしい仕事，ならびに同一労働同一賃金を達成する。

8.6 2020年までに，就労，就学及び職業訓練のいずれも行っていない若者の割合を大幅に減らす。

8.7 強制労働を根絶し，現代の奴隷制，人身売買を終わらせるための緊急かつ効果的な措置の実施，最悪な形態の児童労働の禁止及び撲滅を確保する。2025年までに児童兵士の募集と使用を含むあらゆる形態の児童労働を撲滅する。

8.8 移住労働者，特に女性の移住労働者や不安定な雇用状態にある労働者など，すべての労働者の権利を保護し，安全・安心な労働環境を促進する。

8.9 2030年までに，雇用創出，地方の文化振興・産品販促につながる持続可能な観光業を促進するための政策を立案し実施する。

8.10 国内の金融機関の能力を強化し，すべての人々の銀行取引，保険及び金融サービスへのアクセスを促進・拡大する。

8.a 後発開発途上国への貿易関連技術支援のための拡大統合フレームワーク（EIF）などを通じた支援を含む，開発途上国，特に後発開発途上国に対する貿易のための援助を拡大する。

8.b 2020年までに，若年雇用のための世界的戦略及び国際労働機関（ILO）の仕事に関する世界協定の実施を展開・運用化する。

二兎を追う者は一兎をも得ず
【意味】同時に違った二つのことをしようとすると，結局は二つとも失敗してしまうということ。ローマの古いことわざという。
北原保雄編著『明鏡ことわざ成句使い方辞典』大修館書店，2007 年

　目標 8「働きがいも 経済成長も」は，「Ａ も Ｂ も」という 2 つの異なる内容を同時に追う挑戦的な目標である。目標 8 が掲げた「二兎」とは，すべての人のための①持続的，包摂的かつ持続可能な経済成長，②生産的な完全雇用およびディーセント・ワーク（働きがいのある人間らしい仕事）である。果たして世界は「一兎をも得ず」を回避し，二兎を手に入れることができるだろうか。

　本章では，それぞれの背景と課題について二兎を観察したうえで，二兎が駆けるフィールド，すなわち，経済と雇用の世界について理解を深め，私たちに求められる学びと行動について考えていく。

(1) 経済成長

　衣食住の必要を満たし，明日の生活を心配することなく，他者とのつながりのなかで心身ともに健康で文化的に人生を生きること。時代や環境を問わず，人間が生きていくうえで経済活動が重要であることに異論はないだろう。たとえば SDGs のうち，目標 1「貧困をなくそう」や目標 2「飢餓をゼロに」の達成のためには，すべての人に仕事があって，一定の公正な収入を安定的に得る必要があり，それは経済活動抜きには実現されない。

　しかし，経済成長は必ずしも自明な概念ではない。目標 8 のターゲット（指標）8.1，8.2 には，経済成長率や経済生産性の維持向上が掲げられ，具体的な指標として国内総生産（Gross Domestic Product：GDP）が用いられる。GDP とは，国内で一定期間内に生産されたお金や品物，サービスの価値の合計額を意味する。小学 6 年生の社会科で経済成長の指標として教えられるこの GDP が，よりよい暮らしや社会の実現につながるのかをめぐっては，じつはさまざまな議

論がある。

GDP の特徴は，あらゆるサービスの価値を中立的に足し合わせる点にある。したがって，その人にとって好ましい生活や幸福には必ずしもつながらないような「ネガティブな消費」も，GDP に計上される。たとえば，不本意ながら大学を留年した場合に支払う学費，不慮の事故や病気で必要となる治療費や医薬品，より社会的には，戦艦や戦闘機などの防衛装備品も，GDP を押し上げる。

他方，「一台の車を複数の家庭で共同利用するようなシェアリングが広まれば，人々の生活水準は上がりますが，GDP は上がりません。物を長く大切に使うことや，再利用に努めることも，やはり GDP を上げません。エコロジカルな暮らしかたは GDP の上昇に結びつきにくい傾向があります」との指摘もある[1]。いうまでもなく，資源の 3R (リデュース・リユース・リサイクル) や近年注目されるシェアリング・エコノミーは，たとえ GDP の上昇をもたらさなくても，地球環境の保全や循環型社会の実現，ひいては SDGs の達成に欠かせない。にもかかわらず，GDP を上げるという指標からみれば，これらの取り組みの活性化は経済成長にとってマイナスとなる。つまり，GDP を指標にした経済成長は，「何のための消費か／その消費が社会にどう影響を与えるのか」という価値や意味を不問に付すという課題をかかえているのだ。

そのため，GDP に代わって，社会の豊かさを示す新たな指標づくりも試みられてきた。たとえば，国連開発計画 (UNDP) では，保健 (健康で長生きできること)・教育 (知識を得られること)・所得 (人間らしい生活水準を享受できること) という 3 点に着目した総合的評価指数として，人間開発指数 (Human Development Index：HDI) が開発・測定されている[2]。また，「後発開発途上国」として最貧国の 1 つにおかれたブータン王国は，GDP では測定できない価値があるとして伝統的な社会・文化や民意，環境に配慮した指標である国民総幸福量 (Gross National Happiness：GNH) を独自に開発し，この理念を憲法に位置づけて政策推進を図るなど，世界の注目を集めている[3]。

つまり，目標 8 の一兎目である経済成長とは，私たちが慣れ親しんだ GDP の上昇をよしとする従来の経済活動の延長拡大ではなく，あくまでも「包摂的

かつ持続可能な」という条件がついた別概念であることが必要だ。ただし，「グリーン経済」とも称される別概念のありようはいまだ議論の途上にある。

(2) ディーセント・ワーク（働きがいのある人間らしい仕事）

　SDGs のいう経済成長は，「誰一人取り残さない」ことを求める。では現状として，誰が取り残されているのか。ここで登場するのが，雇用の世界を駆ける 2 番目の兎，「働きがい（原文ではディーセント・ワーク）」である。

　私たちの社会では，「なんでもいいから働くべきだ」とか「選ばなければ仕事はある」という言葉が日常的に飛び交っている。しかし，現実には，仕事内容や労働条件・環境について「なんでもいい」という労働者は存在しない。働く私たちは，機械でも家畜でも奴隷でもないのだから。

　「働きがい」や「仕事のやりがい」は，個人の気持ちやがんばりの問題として理解されがちだ。「やりがい搾取」という言葉は，その危うさを端的に告発する。働く人にとってのやりがい，つまり，本人の夢や成長，自己実現が過度に強調・賛美されるとき，そこには長時間労働や低賃金といった働くうえでの諸課題が覆い隠されていることが少なくない[4]。目標 8 の「働きがい」を正しく理解するためのキーワードは，原文に登場する「ディーセント」，すなわち「人間らしい／まともな／きちんとした」仕事という理念である。

　ディーセント・ワーク（Decent Work）は，1999 年の国際労働機関（ILO）総会で初めて用いられた（ILO 日本語訳「働きがいのある人間らしい仕事」）。ディーセント・ワークとは，「まず仕事があることが基本」だが，仕事さえあればいいのではなく，「その仕事は，権利，社会保障，社会対話が確保されていて，自由と平等が保障され，働く人々の生活が安定する，すなわち，人間としての尊厳を保てる生産的な仕事」だと説明される[5]。あなたの仕事には，権利，社会保障，社会対話が確保されているだろうか。それは，あなたの生活を安定させ，人間としての尊厳を保つことができる仕事だろうか。

　この世界では，人口の約 5% に仕事がない[6]。いっぽうで，学校教育の対象である子どものうち約 10 人に 1 人の割合で児童労働が行われており，コロナ

禍の結果としてさらに増加することが予測されている[7]。また，危険で不健康な労働条件により，世界で毎日約 7500 万人が死亡しており，世界の死亡者の5〜7％を占める[8]。

　くわえて，政治的制裁や差別待遇の手段，さらには，性産業労働のための人身売買などにより，「現代奴隷」といわれる強制労働は，先進国と発展途上国の共通課題として顕在化している。これらの課題は，人権侵害や差別の形をとりながら，女性・子ども・若者・移民・障害者・不安定雇用者など，労働世界の弱者に集中的かつ重複して経験される傾向にある。

　もちろん，日本社会も例外ではない。ILO にもレポートされた「Karoshi（過労死）」が象徴する長時間労働や，全雇用者の 4 割にのぼる非正規雇用の増大，正規雇用と非正規雇用との待遇格差，さらに，男女の賃金格差や職場での差別，さまざまなハラスメント，合理的配慮を欠いた状態で就労する障害のある労働者，不安定で過酷な仕事に追いやられる若年労働者，労働災害が多発している高齢労働者など，労働問題は身近にあふれる。

　1987 年に過労死した男性（享年 43 歳）は，生前，自分の手帳に次のようなメモを遺していた。「現代の無数のサラリーマンたちは，あらゆる意味で，奴隷的である。金にかわれている。時間で縛られている。上司に逆らえない。賃金も大体一方的に決められる。（…）肉体労働の奴隷たちはそれでも家族と食事をする時間がもてたはずなのに」[9]。2011 年には，「炊飯ジャーのネジ締め，化粧品の検査，事務用の椅子や自動車のマット，シート」などさまざまな工場で働いてきた「パート女性 32 歳独身」が，新聞の悩み相談コーナーに「私はそれらと同じ消耗品に過ぎず，どこか痛めば必ず捨てられるのです。（…）これからなにをどう頑張ればいいのか，立ちすくんでいます。私の存在価値ってあるのでしょうか」と相談を寄せている（『朝日新聞』2011 年 7 月 23 日付）。このような働く人の声は，どこまで届いているのだろう。

　経済と雇用の世界は，より便利で快適で豊かな暮らしを追い求めた経済発展の歴史と，より人間らしい働き方を求めて労働者の権利を獲得してきた闘いの歴史を併せもつ。それらの歴史の到達点に立つ私たちは，本当に人間らしい働

き方に近づいたのだろうか。働く人一人ひとりが自分の仕事や職場を見つめ直し，そこにある違和感に立ち止まるならば，サービス残業や雇用形態による待遇格差など労働者の権利がいかに守られていないか，有給休暇・育児介護休暇や労働災害認定・失業給付・職業訓練など労働に関する社会保障の使い勝手の悪さや不十分さに気づくだろう。それらを改善する方法としての社会対話，すなわち，経営側と労働者との交渉や，労働者の要望を調整して政策へ反映させるための具体的な道筋は，孤立した労働者にはどこか遠くの話に映る。そうして，多くの人が，自分の労働状況に対して「それでもこの仕事が好き」「うちの職場では当たり前」と自己完結してやり過ごすようになっている。

　働きがいとは，誰かが（とくに経営者が）恩恵的に与えるものではない。何を「人間らしい仕事」と呼ぶのかは，いまここで働いている私たちが決めていくものだ。したがって，「しかたがない」とあきらめてしまう自己完結のサイクルを組み替えていくために，働く人たち自身の学びと力の獲得が二兎目のディーセント・ワークの実現には不可欠である。

②　しごとと教育

　近代社会における学校制度は，すべての人に共通知識の獲得と個人の発達を保障する場であると同時に，「適性」や「能力」に応じて人材を選抜し，職業的な地位に配分するという社会的機能を有してきた。職業指導・進路指導を経て，今日では「一人一人の社会的・職業的自立に向け，必要な基盤となる能力や態度を育てることを通して，キャリア発達を促す」ためのキャリア教育は，小学校段階から展開されている[10]。また，雇用の世界では職業経験や能力の未熟な若者層が弱い立場におかれる現状をふまえて，労働にかかわる法律や規範を実践的に身につける「ワークルール教育」への関心も高まっている[11]。

　働くことと教育は多面的にかかわるが，働く人たち自身がその状況に向き合うための学びと力の獲得はどのように行われるのだろうか。本節では，この問題意識に基づきながら，学校教育と社会教育のそれぞれで行われた具体的な教育実践について紹介しよう。

(1) 働く人としての高校生―「雇用契約書をもらってみる」授業実践

　まずは，2007 年から 3 年間，大阪府立高校（全日制普通科）で取り組まれた「アルバイトの雇用契約書をもらってみる」授業実践を取り上げ，実践報告を要約して紹介する[12]。

　舞台となったのは，就職約 3 割，進学（専門学校を含む）約 4 割，進路未定のまま卒業する生徒約 3 割という，いわゆる「進路多様校」の 3 年生社会科「現代社会」である。この授業では，3 つの教育目標，すなわち，①学習テーマを「格差と貧困がうずまく現代社会で負けないで生きていく労働と生活に必要な知」に焦点化し，学ぶ意味をストレートに感じられるものにすること，②学んだ知識を使えるようになるスキルと，スキルを駆使して新たな知を獲得する訓練を取り入れること，③一人でがんばるより，グループワークを通じて苦手なところを補い合える学習集団を育てることが設定された。そして，グループ討論・調べ学習・ロールプレイ・インタビューなど多様な学習方法を組み合わせながら，ときに弁護士も授業に参加して，表 2-1 の構成で展開された。

　この高校では，在学中に約 8 割の生徒がアルバイトを経験しており，教科書に書かれた権利や法律の正義を教えるだけでは，「学校で習ったことと世の中の常識は別」という生徒のリアルな労働経験を超えるのは容易ではない。このような困難をかかえながら，一連の授業を通じた学びは，生徒自身にとって，そして，職場や地域にとって，どのような意味をもったのだろうか。

　授業では，生徒にとって使用者は「意味わからんオトナ」と表現される存在であり，アルバイト先には雇用契約書が存在していなかったり，もらっても生徒が捨ててしまっていたりする状況があった。授業課題として雇用契約書が必要だと職場と交渉し，授業でそれらの分析や比較を行うなかで，生徒にとって使用者は，「意味わからんオトナ」から，契約関係のなかで権利と責任を相互に負った他者として認識され，生徒自身も自分で契約書を読み，使用者と向き合う姿勢をもつようになった。また，時給が最低賃金以下だと知った生徒は，職場の「おっちゃん」「おばちゃん」に「相談して周りを味方にすることで会社の上下関係を崩さずにコトを進めるやり方を教わった」など，年代や性別が

表2-1　授業計画

1. 私のアルバイト体験	・わたしのアルバイト体験を書いてみる（グループワーク）
2. 仕事をはじめるとき	・先輩の雇用契約書を見てみよう（グループワーク） ・労働基準法第15条「明示すべき労働条件」をチェック（知識の獲得） ・アルバイトの雇用契約書をもらってみる（調べ学習）
3. 労働時間に敏感になろう	・労働基準法「労働時間」「休日・休息」関係（知識の獲得） ・先輩の給与明細を見てみよう（グループワーク），パート・アルバイトにも有給休暇がある！
4. 賃金計算に強くなろう	・労働基準法「賃金」関係（知識の獲得） ・知らないとソン？割増賃金に挑戦！（グループワーク）
5. 女性だけの権利	・労働基準法第65・66・67・68条，教科書「女性と労働」（知識の獲得）
6. 仕事をやめるとき	・労働基準法第20条「解雇の予告」・労働契約法（知識の獲得） ・焼肉屋のアルバイトをクビ！納得できる？納得できない？（討論・発表）
7. 弁護士とともに「雇用契約書から学ぶ」	・各クラス2名の調べ学習発表，討論，弁護士のアドバイス

出所：井沼，p.44 より筆者一部改変

違ってもともに働く同僚として，学校とは異なる人間関係形成の場になっていった。さらに，雇用契約書の存在を知らなかった店長にアルバイトとして働いていた生徒が授業のノートを渡したことで，店長から感謝されるなど，従業員として職場での信頼関係を高めたケースもあった。生徒たちは，怒りやあきらめ，経営者への共感などさまざまな感情を織り交ぜながら，アルバイトとして自分の労働の価値を丁寧に確かめ，表明し，周囲の関係を変えていった。それは高校生アルバイトにすぎない自分の話であっても，きちんと話せば大人が聞いてくれたという経験であり，生徒の自信にもつながっていった。

　この授業実践に取り組んだ井沼淳一郎は，「高校生が労働法を学ぶことの意味」について，「『たたかう武器』を手にするため，とは少し違う」という。高校生が労働法を学ぶ意味は，「非正規労働者であるアルバイト高校生が，使用者とも正社員とも『ちゃんと話ができる』関係をつくるためだ」としたうえで，「それは，今の時代において，日本の最低賃金（あるいはスレスレの）労働を主婦のパート労働とともに担うアルバイト高校生を，まっとうな労働者として社

会に登場させること」だと説明する。「まっとうな」労働，すなわち，ディーセント・ワークの実現は，「まっとうな労働者」として労働世界に参加することから始まる。「雇用契約書をもらってみる」授業実践は，生徒自身のアクションを通じて，リアルな労働世界を教室にもち込むものであった。

　この授業実践は，職場や地域にも影響をもたらした。授業実践2年目には，学校長名の「調べ学習へのご協力のお願い」文書を生徒がアルバイト先に持参するようになる。これにより，最低賃金や労働時間などの違法状態は，雇用契約書の段階でかなり解消されるようになったという。

　学校が労働世界に対して担う社会的機能は，職業的地位への人材の選抜・配分だけではない。生徒のリアルな労働経験から学習課題を設定し，経験を学習資源として教材化できる学校教育は，生徒の学びを媒介として，アルバイト先である職場やそこにいる大人にも影響を与え，働く場としての地域社会を少しずつ「ディーセント」な方向へと動かす力ももちうるのだ。

(2) 働きづらさと向き合う学び―横浜市男女共同参画センターの実践

　学校ではキャリア教育が重視される一方で，働くことについて考える場は，学校外の社会には実は多くない。かつて，働く人（とくに勤労青年）を対象にした教育・学習機会は，労働組合を中心に職場や地域で提供されていた。それらは労働者教育と呼ばれ，1つの研究領域として成立してきた。現在はどうだろうか。たとえば，キャリア形成やスキルアップを図ろうとする際には，行政が提供する公的職業能力開発のほかに，勤務先企業の研修や，個人で参加できる有料・無料のセミナー，社会人のニーズに応える高等教育機関などを活用することができる。また，職場で具体的なトラブルをかかえた場合には，労働行政・労働組合・労働NPOなどが開設している労働相談や，公的な個別労働紛争解決制度などが利用できる。いっぽうで，今の仕事や働くことそのものに対して，あるいは，将来働き続けることに対して不安や違和感を抱いたときに，立ち止まって考えたり誰かとともに学んだりする場を身近に見つけることは，意外にむずかしいのではないだろうか。

次に取り上げるのは，横浜市男女共同参画センター（指定管理者・公益財団法人横浜市男女共同参画推進協会）が全国に先駆けて取り組んできた女性対象の事業である。これは，SDGsの目標5「ジェンダー平等を実現しよう」にもかかわる。

　日本では，働く女性は増えつづけている。厚生労働省『令和元年版働く女性の実情』(2019)によると，15歳以上の女性の55.5％が働いており（男性は71.4％），働く女性は全労働者（労働力人口総数）の44.4％，つまり，働く人の半数近くを占めるようになった。いっぽうで，「働く」の様相は男女で異なる。雇われて働く女性の半数以上はパート・アルバイト，契約社員などの非正規雇用で働いている（男性雇用者の場合は2割強）。賃金も男女で異なる。一般労働者（臨時労働者を除く常用労働者のうち，短時間勤務労働者以外の者）の男女間賃金格差（男性の給与額を100.0とした場合の女性の給与額）は74.3で，この格差の要因として，役職（部長級，課長級，係長級などの役職）の違いによる影響が最も大きいとされる。

　労働世界における男女格差の背後には，生活の場における性別役割分業がある。女性にとって働くことが「当たり前」になってきたいま，女性は「仕事も家事も」担うことが期待／要求され，さらに，政府の成長戦略として「女性活躍」がうたわれる。女性たちが背負わされるものは膨れ上がり，生きづらさをもたらすほどになっているのだ。

　このような状況のなかで，横浜市男女共同参画センターは生きづらさ・働きづらさを覚える女性たちの可視化と支援事業を展開してきた[13]。

①「若年無業女性」の可視化と支援―"ガールズ"の自立支援

　SDGsのターゲット8.6に，「2020年までに，就労，就学，職業訓練のいずれも行っていない若者の割合を大幅に減らす」がある。日本でも，2000年代半ばから若者の就労支援が推進されてきたが，その主たる対象は男性の引きこもりやニートであり，実際の支援利用者も男性が多い。そのなかにあって，横浜市男女共同参画センター（以下，センター）は，「家事手伝い」に括られることでニートとして把握されなかったり，家族から「家事」「介護」の役割が期

待されることで就労機会を失っている無業の若いシングル女性たちに注目する。2008 年には，学校にも職場にも属していないシングル女性を対象にした全国初の実態調査を行い，その結果をふまえて，2009 年からは生きづらさ・働きづらさをかかえる若年シングル女性に向けた支援事業が開始された[14]。

　若年シングル女性への支援事業は，事業の企画実施とその後の調査検証をくり返し，現在は 3 つの支援事業で運営されている。第一は，「ガールズ編仕事準備講座」（以下，ガールズ講座）である。この講座は，「仕事準備」と称しながらも，求職活動やキャリアアップを直接の目標にするのではなく，「安心感の実体験」「自己肯定につながる気づき」「孤立からの脱出」を目標とし，15～39 歳のシングル女性を対象に，春と秋の年 2 回，それぞれ全 11 回の連続講座として無料で開催されている（定員 20 名）。体のこわばりをほぐす身体面へのアプローチから始まることが特徴的で，講座中盤では自分を大切にする方法を学び，仕事の探し方や相談先などの社会資源を知り，最後は講座を通した気づきや目標を語る交流会が行われる。仲間のなかで自分を見つめ，次の一歩につながる機会になっている。

　第二に，ガールズ講座修了者らが，講座を受講する側からサービスを提供する側に立つ「めぐカフェ」就労体験である（2010 年～）。これは，センター内に開設されたカフェに，体調・生活を自己管理しながら週 2 回程度出勤し，サポートのなかで目標を立て，スタッフとともに達成していく最大約 30 日間の就労体験である。この就労体験を通じて，「体調管理をする練習になった」「人とチームで動くことの練習になった」「働く不安や怖さが軽減された」「声を出し応答する練習になった」などが経験された。

　そして第三に，市内の協力団体と参加希望者をセンターが結ぶ中間支援のコーディネートである。体調などにより定期的な就労体験に参加できない人や，期間が限定されるという就労体験の課題に対し，地域のさまざまなグループや NPO と連携し，ボランティアとして活動に参加する社会参加体験の機会も提供されることになった（2013 年試行実施，2015 年から本格実施）。市民団体という自発的に結ばれた人たちの輪のなかに入り，自分のかかわりによって誰かの

役に立つ経験は，参加者にとって自己肯定感を高める機会になる。先の就労体験のように期限がないため，参加者それぞれが自分の体調やペースに合わせてかかわること・続けることも可能になっている。

　無業若年者に対する個別相談支援は，若者サポートステーションなどかなり整備されてきたが，横浜市男女共同参画センターが取り組むのは「同じ悩みをもち，生きていこうとする人たちが主体となるコミュニティづくり」であり，「人は一人では生きられない。人の輪の中で自分に出会い，人に出会い，可能性を広げていく」ことが大切だと，同センター職員は語る[15]。

　こうした雇用に直接つながらない事業は，一見，経済成長にも働きがいにも無関係にみえる。しかし，目標 8 は，いま働いている人や，すぐに働くことができる人だけを対象にするものではない。今日の社会では，働くうえでコミュニケーション能力やタスク管理，目標設定スキルなど，複雑化した力が要求される。それらはおしなべて個人の「能力」とみなされ，職場では常にそのパフォーマンスが比較され，評価され，働く人の間での競争を余儀なくされる。この事業がめざす，安心感のある「人の輪のなかで自分に出会い，人に出会い，可能性を広げていく」経験の蓄積は，働くことに怖ささえ感じさせる今の労働世界を相対化し，「人間らしい」仕事を模索する営みと地続きにある。

②「非正規シングル壮年女性」の可視化と支援[16]

　このような「若年無業女性」への支援事業に加えて，センターが可視化した，もう 1 つの女性たちの存在がある。それは，非正規雇用で働く（無業でも正規雇用でもなく），単身の（シングルマザーは除く），壮年（35 歳以降）女性たちである。「非正規シングル壮年女性」を対象にしたニーズ調査では，回答者の 6 割が「不本意非正規」で（「正社員として働ける会社がなかったから」非正規雇用で働いている），「低収入」と「雇用継続」に不安をかかえていることや，経済的な困難だけでなく，女性であるがゆえに，「独身」で「子をもたない」ことについて心理的な圧迫を受けていることなどが明らかにされた[17]。

　調査結果をふまえて，センターでは 2016 年から「仕事とくらしのセーフティ講座」が開催され，現在は非正規雇用で働くシングル女性のみを対象に，年 2 回，

それぞれ全8回の連続講座として開講されている（定員25名）。この講座は，正規雇用の仕事を得るという目標があらかじめ設定されたものではなく，非正規雇用にかかわる労働法や社会保障制度の知識を学んだり，親の介護や自分の老後について考えたり，ライフ・マネープランを立てるために自分の経済状況を把握するワークを行ったりなど，非正規雇用でも安心して生きていくための不安解消や情報提供を中心に構成されている。また，グループワークを取り入れるほか，講座後には交流会が毎回開催されている。

　非正規シングル壮年女性の可視化は，「『男性稼ぎ主モデル』崩壊後の，新たな女性の問題」(野依智子) の可視化であり，その解決はこうした講座や交流会だけでは実現しない[18]。その限界を了解したうえで，教育的な営みが引き受けるのは，一足飛びに課題解決をめざすのではなく，弱者を強者に鍛え直すのでもなく，それぞれの人生を歩み続けるための安心を増やすために，人とつながりながらともに明日を「働きつなぐ」ための場を，生活圏に生み出そうとする試みである。

　ここまで，学校と社会で展開される2つの教育実践をみてきた。誰にとっての働きがいなのか，誰にとっての経済成長なのか。目標8の達成に向けて期待される学びには，働く人一人ひとりを出発点にしたこの問いかけが欠かせない。そこから，言葉にすること，人とつながりともに考えることが始まる。教育の役割は，それらを可能にする場を意図的につくり出すことにある。

　身近なつながりを，社会を変える力に高めるための方策については，アメリカの労働運動から知恵を学ぶことができる。アレクサンドラ・ブラッドベリー他『職場を変える秘密のレシピ47』は，「特別な才能や経験がなくても職場を変えられる」とし，課題に応じて多様な主体と柔軟に連帯しようとする「社会運動的ユニオニズム」の具体的な手法や実践を紹介する[19]。

　また，目標12「つくる責任 つかう責任」にかかわって，私たちは労働者としてだけでなく，消費者として商品・サービスを日々選択している。サービスには正当な対価が必要だ。たとえば，甚大な被害をもたらす高速バスや運輸トラックの交通事故を防ぐには，労働者だけではなく消費者の側からも，ドライ

バーが過重労働に陥らないしくみを求めることが必要になる。子どもや老親を安心して託すために質の高い対人サービスを求めるならば，保育士や学校教員，介護職など対人サービス業の労働条件に消費者として関心をもち，そこで働く労働者とともに改善を求めることも不可欠である。ディーセント・ワークが実現する社会は，「人間らしく」働くことができるだけでなく，消費者としてよりよい商品・サービスを安全・安心に利用できる社会の実現へとつながっている。

③ 課題と可能性―二兎追うものの行方

(1) 課題

　近年，SDGs はビジネスの成長戦略として定着してきた。各企業は得意分野で SDGs を掲げた取り組みを展開し，企業成長と社会貢献を同時に成し遂げようとしている。いっぽうで，すべての企業が取り組み可能なはずの目標8，とくにディーセント・ワークの実現を積極的に掲げる組織は多くないのが実情だ。

　「働きがいも経済成長も」という二兎は，本当に両方とも追いかけられているのだろうか。そもそも二兎を同時に追うことは可能なのか。経済と雇用のフィールドを冷静に眺めると，そこには少なくとも2つの課題がみえてくる。

①経済成長の果実は公正に分配されているか

　リーマン・ショック（2008年）を契機とした世界的不況に人々がいまだ喘いでいた2011年9月，若者を中心とした中間層の市民らがニューヨークのウォール街を占拠し，経済界・政界への抗議運動が展開された。「ウォール街を占拠せよ（Occupy Wall Street）」と呼ばれるこの運動への参加者は，「We are the 99%」をスローガンとし，富の多くを人口1%の富裕層が占めているという資産や収入の不平等や不公正を訴えた。重要なことは，どれだけ経済成長するかではなく，その経済成長の果実を労働の対価として，さらに，再配分機能をもつ社会保障を通じて，どのように人々に分配するかであり，「We are the 99%」はこの分配の仕方こそが問題だと訴えたのである。

　リーマン・ショックを受けて，日本でも多くの派遣社員が解雇・雇い止めになった（派遣切り）。仕事と住居を同時に失った人があふれ，2008年年末には

日比谷公園に「年越し派遣村」が開設された。企業の業績が悪化したら，解雇されても「しかたがない」と諦めるしかないのだろうか。

　年越し派遣村を支えた反貧困運動は，まさにこれを問うた。反貧困運動が掲げた「生きさせろ」というスローガンが象徴するのは，企業の業績からは独立した，自分たちの生活・生存に対する論理である。企業の業績はどうあれ，働く人には「生きる権利がある」という主張は，労働者と経営者が協調的関係のもとで生産性向上に尽力し，その成果を分け合おうとした 20 世紀の労働運動の論理が，もはや過去になったことを示唆するものであった[20]。

　「Ａも Ｂも」というロジックは，ともすると「Ａか Ｂか」になりがちだ。しかし本来，経済成長の有無を問わず，ディーセント・ワークはそれ自体が独立して追求される価値である。二兎を追うことのむずかしさが明白になったときにこそ，私たちは目標 8 の本質に向き合うことになるのだろう。

　②環境悪化なき経済成長は可能か

　もう 1 つの課題はより難題だ。目標 8 には，ターゲットの 1 つとして「経済成長と環境悪化の分断を図る」(8.4) がおかれている。サラリと登場するこれこそが，世界が SDGs を必要とするに追い込まれた根幹的な命題である。そして，この地球環境と資本主義の緊張関係は，個々の企業努力では乗り越えられない経済・社会システムの問題でもある。果たして，環境悪化なき経済成長は可能なのか。あなたはどう考えるだろう。

　経済成長による地球資源・環境の危機については，約 50 年前のローマクラブの報告書『成長の限界』(1972 年) の警告が広く知られ，今日では，「脱成長」という議論が展開されている。「脱成長」は，環境主義に重点をおいた経済哲学的理論であり，端的には「より少なく労働し，より少なく消費しながら，より良く生きるための社会を創造すること」をめざして現状を批判的にとらえる。そこでは，持続可能な開発もまた，経済成長という価値を手放さないものとして批判の対象になっている[21]。

　労働も消費も縮小しようという試みは，実際には多岐にわたる。個人のライフスタイルでは，「断捨離」や「ミニマリスト」の流行にも通じる。また，地

域社会を基盤にした循環的な暮らしの理念として「里山資本主義」が提起され，「トランジョン・タウン」や「地域通貨」など，理念を具体化するような実践・運動が日本でも各地で取り組まれている。さらに，人々の相互扶助に支えられる「社会的連帯経済」への関心も高い。日本でも，地域の需要に応じて仕事をつくりだす活動やそれを支える労働者を経済と雇用の世界に位置づけるものとして労働者協同組合法が成立した（2020年12月）。日本における全国組織の1つである労働者協同組合連合会が発表した『環境・気候非常事態宣言』（2020年）では，自らを「SDGsの主体者・推進者」としてこの地球規模の危機をのりこえるために，「産業・経済の抜本的な転換」を提言した[22]。

　経済成長にこだわってきた経営者側にも，変化が起きている。2020年1月，全世界の有力な企業経営者や政治家などが集まる世界経済フォーラム総会（通称「ダボス会議」）では，「資本主義の再定義」がテーマとなった。そこでは，株主の利益を最優先する従来の資本主義に対して，従業員や社会，環境にも配慮した「ステークホルダー（利害関係者）資本主義」の重要性が提唱された（『日本経済新聞』2020年1月22日付）。

　まとめよう。環境悪化を伴う現在の経済活動の延長上に人類の未来はもはやないということを私たちは約半世紀をかけて共有し，目標8では経済成長と環境悪化の連関を断つことが掲げられるに至った。いっぽうで，では環境を悪化させない人間の経済活動システムとはいかなるものかについて，それが経済の発展や成長かどうかを含めて，世界はまだ解を得ていない。脱成長論やポスト資本主義，「未来のための金曜日」（気候変動ストライキ）など，経済と社会のシステム変更を考える議論や実践，社会運動の広がりが世界中にみられるが，そこでは，「今求められている対策の規模は，SDGs目標などという名目で営利企業が進んで受け入れる程度の諸規制では済まなくなっている」として，「気候ではなく，システムを変えろ！（System Change, Not Climate Change!）」がしばしばスローガンとされる[23]。

　目標8の二兎を追うむずかしさは，多様な主体がかかわるSDGsのむずかしさそのものでもある。「誰一人取り残さない」SDGsは，すべての人・組織を

当事者にするという強みをもち，宿命に立ち向かう運命共同体のような一体感を私たちに生み出す。企業もまた，SDGsの機運醸成と推進力強化を担う重要かつ強力なパートナーとして，私たちとともにある。しかし，このような一体感は，私たちに快楽をもたらし，ときにSDGsに取り組むパートナーへの疑問や批判を躊躇させる圧力にもなりうる[24]。

　どうやら私たちは，SDGsの掛け声のもとで運命共同体に参加する高揚感にまどわされることなく，満場一致で推進される持続可能な発展そのものを疑い，マクロな批判的思考をもって現状と向き合う必要がありそうだ。

(2) 可能性はどこに

　課題と可能性は表裏でもある。経済成長とディーセント・ワークをめぐって，さらに，環境悪化と経済成長をめぐって，議論や実践，社会運動の各方面での激しい対立はこの先も不可避だろう。そのなかで，二兎を追う目標8が実質的な力をもちうるかは不透明だ。しかし，激しく複雑な対立は，この難題を解く過程にさまざまな人や組織がますます参加しはじめていることを意味する。そして，この難題を解く過程への多様な主体の参加は，私たちが本当にめざす豊かさや，「人間らしい」労働，よりよい社会について，共有可能な価値や意味を，それを具体化するシステムを新たに創り出そうという希望でもある。学校教育・社会教育は，これらについて考える具体的な機会を，すべての人や組織に開かれたものとして提供する役割を担っている。

　もう1つ，個々の企業努力を超える社会システムの問題にかかわって，地方自治体という参加主体の潜在的可能性にふれておきたい。一般的に，労働政策は中央政府（国家レベル）の役割とされ，地方自治体には産業振興政策はあっても労働政策はないことが多い。しかし，ディーセント・ワークの実現にかかわって，地方自治体には3つの役割が期待されるようになっている。1つには労働者として公務員を雇う使用者として使用者の模範になること，2つには地域における最大の調達機関として地域の雇用相場を下支えすること，そして3つには労働者である市民の権利と利益を保護する施策を展開する労働政策主体して

の役割である。これらの具現化に挑戦した地方自治体の1つに，韓国の「労働尊重特別市」ソウルがある[25]。

ソウル市は，地方自治体として韓国で初めて労働政策を策定し，「勤労者の権利と利益の保護」と「模範的使用者役割の確立」という政策目標のもとに，労働者としてのソウル市民の権利・利益を保護する役割を自らに課した（「ソウル特別市勤労者権利保護および増進のための条例」2014年）。たとえば，ソウル市の公共部門で働く非正規職員の正規職への転換や，ソウル市の生活水準を考慮し最低賃金を上回る「生活賃金」を支払うよう義務づける生活賃金条例の策定，「感情労働者」の保護条例の策定，「脆弱労働者」という概念による権利保護施策の展開が重ねられている[26]。

では，日本はどうだろうか。地方自治体に勤務する労働者の約5分の1は非正規職員であり（総務省調査，2016），そこに地方自治体からの業務委託・指定管理先を含めると，地方自治体は内と外に官製ワーキングプアを生み出す事業主になっている。新型コロナウイルス感染症の世界的流行が経済と雇用の世界にもたらす負の影響は，いまだ計り知れない。それでもなお，私たちが「一兎をも得ず」を回避して二兎を追い求めるならば，それは職場，学校，地域，地方自治体など，私たちの手が届く日常の生活圏にこの課題を引き寄せて，働きがいと経済活動の両立を小さく具体化する営みにこそ，確かな可能性がある。

注
1) 坂井豊貴（2017）「第1章 GDP」井手英策・宇野重規・坂井豊貴・松沢裕作『大人のための社会科——未来を語るために』有斐閣，15-16頁。
2) 例として，UNDP『人間開発報告書』2019年，https://www.jp.undp.org/content/tokyo/ja/home/library/human_development/hdr2019.html（2020年3月30日最終閲覧）。
3) 大橋照枝（2010）『幸福立国ブータン——小さな国際国家の大きな挑戦』白水社ほか。
4) 本田由紀（2008）『軋む社会——教育・仕事・若者の現在』双風社。
5) 「ディーセント・ワーク」ILO駐日事務所 https://www.ilo.org/tokyo/about-ilo/decent-work/lang--ja/index.htm（2020年4月7日最終閲覧）。
6) ILO駐日事務所『世界の雇用及び社会の見通し——動向編2020年版　エグゼクティブサマリー』
7) ILO駐日事務所『児童労働——2020年の世界推計，動向，前途　エグゼクティブサマリー』

8）ILO駐日事務所『2019年労働安全衛生世界デー報告書（序章）』

9）八木光恵（1991）『さよならも言わないで―「過労死」したクリエーターの妻の記録』双葉社。

10）文部科学省中央教育審議会答申（2011）「今後の学校におけるキャリア教育・職業教育の在り方について」。

11）例として，小島周一（2020）「ワークルール教育の推進と社会教育への期待」『月刊社会教育』旬報社。

12）井沼淳一郎（2014）「アルバイトの雇用契約書をもらってみる授業」川村雅則・角谷信一・井沼淳一郎・笹山尚人・首藤広道・中嶌聡『ブラック企業に負けない！　学校で労働法・労働組合を学ぶ』きょういくネット。

13）横浜市には方面ごとに3館の男女共同参画センターがあり，いずれも公財横浜市男女共同参画推進協会が運営を行っている。事業によって会場が異なる場合があるため，本節では3館を一括して男女共同参画センターと表記する。

14）事業の詳細については，特設サイト「横浜市の男女共同参画センターによる働きづらさに悩む『ガールズ』サポート」（公財）横浜市男女共同参画推進協会，https://girls-support.info。また，植木ルナ（2014）「若年無業女性"ガールズ"の自立支援に取り組んで」『月刊社会教育』12月号，34-40頁も参照のこと。

15）公益財団法人横浜市男女共同参画推進協会・男女共同参画センター横浜南（2019）『「めぐカフェ」就労体験修了者調査報告書―若年無業女性（"ガールズ"）支援の現場から』80頁。

16）事業の詳細については，特設サイト「非正規シングル女子のしごとと暮らし」（公財）横浜市男女共同参画推進協会，https://www.hiseiki-singlewomen.info（2020年7月20日最終閲覧）。

17）横浜市男女共同参画推進協会・大阪市男女共同参画のまち創生協会・野依智子〈福岡女子大学〉（2016）『非正規職シングル女性の社会的支援に向けたニーズ調査報告書』（同上ウェブサイト）。

18）同上。

19）アレクサンドラ・ブラッドベリー他／菅俊治・山﨑精一監訳（2018）『職場を変える秘密のレシピ47』日本労働弁護団。

20）今野晴貴・藤田孝典（2019）『闘わなければ社会は壊れる―〈対決と創造〉の労働・福祉運動論―』岩波書店，112頁。

21）セルジュ・ラトゥーシュ／中野佳裕訳（2010）『経済成長なき社会開発は可能か？―〈脱成長〉と〈ポスト開発〉の経済学』作品社。

22）労働者協同組合連合会 https://jwcu.coop（2020年4月3日最終閲覧）。

23）斎藤幸平（2020）「気候危機時代における資本主義VS民主主義」『世界』1月号，岩波書店，113頁。斎藤幸平（2020）『人新世の「資本論」』集英社。

24）セルジュ・ラトゥーシュ，前掲，78頁。

25）上林陽治（2018）「市民の人権を守る労働政策」白石孝編著『ソウルの市民民主主義』コモンズ。

26）ソウル市の一連の労働政策は，ソウル市長・朴元淳（パク・ウォンスン）政権（2011-2020年）によって政治主導で進められたものであり，今後の動向が注視される。

実践 NPO法人ワーカーズネットかわさきの実践例

1 日本の労働者のおかれた現状と労働

　現在の日本の労働者がおかれた労働環境は，残念ながらSDGsの理念「働きがいも経済成長も」とは程遠いと言わざるを得ない。労働人口の30％を超えた非正規社員は，低賃金・不安定雇用の下にある。他方，正社員も，厳しい競争・長時間労働・パワーハラスメントで使い潰されていく。企業社会で，労働法は無視・軽視され，違法な長時間労働，退職強要，解雇が横行している。これに対し，労働組合の組織率は低下し，抵抗する力は弱まっている。

　「ワーカーズネットかわさき」は，労働者の現状をふまえ，既存の労働運動の枠組みを超えようと，川崎の20〜30代の若手弁護士・労働組合員などを中心として，2014年5月から活動を開始し，毎月の深夜街頭労働相談・ブラック企業アンケート，SNSを使った情報発信，ワークルール教育，政策提言活動などを行ってきた。

2 まちかど教室―街頭労働相談の実践

(1) 街頭相談用テントでの相談

　当NPOの活動の原点は，街頭労働相談である。毎月，川崎市内の主要駅の駅前で，テントを立て労働相談ブースを設置し，19〜21時までの2時間，相談を実施している。街頭相談の狙いの1つは，街角にアクセス容易な労働相談窓口を設置して，潜在的労働問題を掘り起こすことにある。多忙な労働者は，労働問題をかかえながらも，弁護士や労働組合などの相談までは行く余裕がない人が多い。街頭相談の時間帯は，仕事が終わった帰宅途中の人が，そのまま相談に立ち寄りやすいように考えて設定している。2時間の相談時間で，毎回10件前後の相談者がテントを訪れてくる。

　相談には，弁護士1人に個人加盟労働組合員・ソーシャルワーカーが2人1組で対応する。テントを訪れる相談者の多くは，自分の働かされ方に対する疑問や不満をかかえている。そのような相談者に対して，ワークルールを伝え，その疑問や不満が，違法であると気づきの機会となるようにしている。そのうえで，具体的な相談機関，たとえば弁護士，労働組合，行政機関の活用の仕方を伝え，いかに違法状態を是正するかの方向も示す。さらに，知識・方法だけでなく，気持ちの面での勇気づけも不可欠である。

　相談者のなかには，労働組合に加入を決意し，団体交渉によって解決をし

た事例もある。また，弁護士が代理人となった交渉や，労働基準監督署へ申告の同伴
などを行ったこともあった。

(2) ブラック企業度アンケート

　街頭相談活動で，テント内での相談
とともに実施しているのが街頭での
「ブラック企業度アンケート」である。
道行く人が，労働問題をかかえていて
も，いきなりテント内の相談ブースに
飛び込んでくるのはそれなりに心理的
ハードルがある。そこで，大きなボー
ドに労働環境についてのアンケートを
貼り付け，協力を呼び掛けている。ア
ンケートは，項目は業種，性別，年齢
を回答してもらったうえで，「残業代

が支払われない」「パワハラやセクハラがある」「上司に意見を言えない雰囲気がある」
「離職率が高い　出入りが多い」「有給休暇がない，あっても使えない」「ミスによる
損失の自腹が切らされる」などの項目について，○△×で回答してもらう。アンケー
トは，立ったままボードに書き込んでもらうやり方なので協力を得やすく，テントを
訪れる相談者の数倍の人とコンタクトすることができる。

　このアンケート活動の目的は，単に労働環境調査だけでなく，アンケートの回答の
やりとりを通じた「対話」にある。回答者にアンケートに答えてもらうなかで，働き
方の状況を聞くと，実際は大なり小なり労働問題をかかえている人が多い。アンケー
ト実施者側は，「対話」のなかで，その問題を聞き出し，適切なワークルールに関す
る知識をアドバイスするよう心がけている。さらに，深刻な労働問題が明らかになる
場合は，そのままテント内で実施している弁護士・労働組合員を紹介し，具体的な対
策を考えるための導線ともなっている。

(3) 街頭ワークルール講座・パブリックビューイング

　さらに，街頭労働相談と同時に，路上でのワークルール講座も試みている。相談ブー
ス用のテントの側面にスクリーンを設置し，プロジェクターでパワーポイントや映像
を投影し，後述のワークルール講座を実演する試みである。また，国会で「働き方改
革関連法」など審議がされているときは，国会での法律についての答弁を投影するな
ど，国会パブリックビューイングも実施したことがあった。これらの狙いも，道行く
に人に，少しでもワークルールの知識や情勢を伝えるための試みである。チラシを配
るよりも通行人へのインパクトは大きいようで，道行く人が珍しがって足を止める。

　以上，街頭相談ブースは，労働相談活動から始まり，ブラック企業度アンケート，
街頭ワークルール講座・国会パブリックビューイングなど多面的に展開し，まちかど

ワークルール教室の拠点としてワークルール知識と権利意識識の普及の場となっている。

<table>
<tr><td>3</td><td>ワークルール教育の実践</td></tr>
</table>

（1）ワークルール教育の必要性

　街頭労働相談の活動を継続していくなかで，いかにワークルールが知られていないか痛感する。

　学校教育課程では，中学校の公民の学習指導要領および高校の現代社会の学習指導要領でも，労働者の権利などについて学ぶことが目的の１つとして記載されているが，ワークルール教育に時間を費やすということがなかなかできない実情がある。このようなワークルール教育の軽視の現状は，日本の企業社会において，「労働法を守っていては会社は潰れる」という経済発展を優先した考え方を容認させ，結果「労働法の常識は会社の非常識」となり，サービス残業や，労働時間過少申告と，過労死に至るまでの過酷な現状を生んでいる。以上の状況で，私たちは，NPO法人として実践的なワークルール教育も，活動のなかで重視し実践してきた。

（2）「実践！ワークルール講座」の開催

　2018，2019年度は，市民向け講座「実践！ワークルール講座」を開講した。この講座は，ワークルールを単に知識として学び覚えることにとどまらず，実際に労働問題に直面したときに，どのようなワークルールをどのように活用すれば問題を解決することができるのか，という「実践知」としてのワークルール知識と活用法を，身につけることを狙いとしてきた。弁護士，ソーシャルワーカー，労働組合員，神奈川県労働センター職員などが労働に関する相談を受けている実務家が，「明日から使える」実践的なワークルールや社会保障に関する知識を話す連続講座として企画した。講座は，川崎市・川崎市教育委員会に後援を申請するとともに，川崎市市民活動センター助成金も得た。川崎市・川崎市教育委員会の後援により，学校や公共施設にチラシを置いてもらうなどの宣伝が可能となった。

　各講義のなかで徹底しているのは，各実務家が，具体的な労働問題の事例を紹介し，参加者との問答形式で授業を進めていく進め方である。労働法分野は，労働者の闘いの積み重ねによって，会社側の不合理な手法を抑制する裁判例を積み重ね，判例法理として存在し，一部は立法に取り組まれている。労働者が，労働問題に直面したとき，まず何よりも大切なのは，不条理に対して泣き寝入りしない気持ち，法的にはいえば「リーガルマインド」である。講義では，実際に問題となった事例について，適法か違法かの回答と，その理由づけを問い，参加者とともに議論をし，法的思考，権利主体としての意識を培えるように努めている。さらに，講義では，実務で行われている具体的な証拠集めの方法なども学ぶ。加えて，弁護士，労働組合，行政労働センターの職員の講義を通じて，権利行使をサポートしてくれる労働組合や行政機関の活用方法も具体的に示すようにしている。

　そして，講義受講者には，毎月実施している街頭労働相談の場にも来てもらい，労

働相談にも同席してもらい，学んだ知識とリーガルマインドを活用し，相談者に対応してもらうことも実践している。実務家もサポートはするが，ここで大事なのは，細かな知識を知っているかではない。受講者が，相談者の気持ちに寄り添い，不条理に対して諦めず，これを克服するために解決策を探る姿勢の養成である。

（3）イベント型ワークルール学習会

若手を中心に結成したNPOとして意識して継続している試みとして，イベント型ワークルール学習会がある。一般の人にとって，よほど必要と思わないかぎり，多忙ななか自分の時間を使って，堅苦しい学習会に参加しようとは考えない。そのため，ワークルールを学ぶ機会のハードルを下げるために，楽しみながら学べるイベント型学習会を企画し実施してきた。

この間企画したものとして，「Barで学ぶワークルール」「クリパで学ぶワークルール」「既読スルーできないワークルール」「RPG（ロールプレイングゲーム）で学ぶワークルール」など，イベント名もできるだけキャッチーにし，内容も創意工夫を重ねている。これらの企画の共通するのは，①ワークルールを3択のクイズ形式で出題し3〜5人のグループで相談をして正解数を競い合う，②コミュニティカフェやバーなどを貸し切り，アルコールも含めた飲食を提供する，③バンド演奏などの余興を入れる，④クイズの合間で参加者の労働実態のスピーチもしてもらい職場実態を交流する時間を設けることである。

イベント型学習会は，飲み会に参加する感覚で楽しく学べるので，普通の学習会には参加しないような友人・知人も誘いやすく，毎回おおいに盛り上がっている。しかも，問題についてはグループで相談をし，それぞれの労働実態も共有するので，一方通行の講義より理解しやすく，参加者同士も親密になりやすい。ベント型学習会の参加者で，のちにNPO法人のメンバーや協力者となってくれた人も相当数おり，NPO法人の活動の裾野を広げるネットワークづくりの場としても機能している。

（4）学生にワークルールを―専修大学寄附講座「実践知としてのワークルール」

これらの学習会は，新規の参加者はいるものの，まったく知り合いのいない関係での飛び込み参加は希である。とくに，最もワークルールを必要としている社会に出る前の学生の参加のつながりづくりは課題であった。そこで，2020年度より，川崎市内にもキャンパスのある専修大学に対して，大学への寄附講座制度の申請，これまでの活動実績が評価され許可を受け，「実践知としてのワークルール」を開講することになった。大学の寄附講座は，全15回，体系的な学習が可能となった。

すでに，大学での授業については，厚生労働省の過労死啓発授業の制度に基づき，神奈川で過労死を考える家族会，過労死対策弁護団，大学の研究者と共同で研究を行っており，ワークルール講座でもその成果取り入れる。学生が発表のうえ，弁護士解説をする授業形式を研究し，統一教材・指導案を作成した。この授業では学生に，過労死などの労働問題を将来の問題としてとらえるだけでなく，今から一人の市民として，社会に参加し行動，変えることができるというメッセージを伝える試みもした。具体的には，選挙プロセスによる意思表明だけでなく，デモなどの社会運動を通じた社会参画の方法についても，海外や国内の若者の動きや，SNS を使った運動手法などを紹介した。日本の普通の学生にとって，デモなどは「変わった人たちの行動」ととらえられているが，直接民主主義の一手法として説明すると，大切な政治参加の手法として素直に理解してくれたようだった。過労死問題に限らず社会問題の解決には，健全な権利意識を育てる主権者教育が不可欠であり，ワークルール教育でもこの点を強調していきたい。

4 学習から社会へ向けた政策提言へ―保育問題交流会としての取り組み

(1) 川崎市の保育の労働環境調査

労働相談活動やワークルール教育は，労働者個々人の権利の学習と実践に重きをおいてきた。これにとどまらず，川崎の保育の労働環境全体の根本解決をめざし，当NPO が中心となり，大学や市民団体と共同し，政策提言を行った。

2017 年，当時大きな社会問題になりつつあった保育について，当 NPO の呼びかけで，保育をテーマに扱っていた専修大学経済学部の兵藤敦史教授ゼミナールや，川崎市内の保育関係労働組合，保護者団体，女性団体，保育士，かながわ総合政策研究センターなどと意見交換を重ね，川崎市保育問題交流会を結成。ゼミナールとともに，川崎市内の全認可保育園を対象とした保育労働と保育の質に関する実態の調査アンケートを実施しすることになった。アンケート調査では，川崎市内の認可保育所全 316 園で働く職員を対象とし，82 園より計 772 票を回収（回収率 24.4 ％）できた。

アンケート結果からは，主に 4 点（①保育労働者の賃金水準の低さをあらためて確認できる結果で多くの不払い残業がなされている，②労働強度・時間の面でも，法定基準を満たさないところも含めて，良好とは言いがたい状況が蔓延している，③保育職に従事し続ける意欲は高く，また現在の職場で働き続けたいという希望をもちながらも，現実には 1 つの職場で働き続けキャリアを重ねることが困難である，④公労働条件をめぐって明らかな公立と私立の格差が浮かび上がっている）が明らかになった。職員が十分に配置されていないことに起因する労働・保育環境の問題性は，公私を問わない共通課題である。職員不足という課題の背景には，国の定める職員配置基準の問題が存在していた。

(2) 保育労働実態調査を通じた学び

この調査は，保育士，学生，そして私たち市民団体にとっても学びの機会となった。

①自らの職場の問題を社会化する現場の保育士

　アンケートに回答する保育現場の労働者にとっては，自らの日々の労働環境の問題点について，回答をするなかで「可視化」され，その異常さ（違法状態）を改めて認識する気づきの機会となる。また，アンケート回答用紙とともに，学習会の案内のチラシも同封した。学習会では，保育問題に詳しい大学教授などを講師に招き，現状の保育の労働者の労働環境が，保育政策による構造的な問題であることを学ぶ機会となるよう努めた。さらに，学習会では，参加者の労働実態を発言・交流時間する時間も設け，職場固有の問題ではなく，各職場共通の保育職場での普遍的な問題であることを知るきっかけになった。

②学生にとっての学習から社会参加への経験

　大学生にとっても，大学という枠を超えて，市民社会の各活動セクターと共同して調査を行ったことは，市民社会の広がりを知る機会になった。さらに，アンケート分析した結果を報告書にまとめ，学生とともに行った発表記者会見は，新聞各紙に大きく取り上げられた。その後，報告書をもとに川崎市の担当部局長との懇談，川崎市議会各会派などへのロビーイングへと活動は展開していった。学生にとって，学習・調査研究，社会発信，そして政治参加へという一連の流れを示せたことは，まさに民主主義社会の主権者としてあるべき姿に他ならず，貴重な経験となったと考えられる。

(3) 地域での既存の労働運動の枠を超えた労働運動のスタイル

　以上の川崎における保育労働問題を通じた一連の活動は，当NPOにとっても，労働運動の新しいスタイルの可能性を学ぶ機会となった。普段は個別に活動を行っている大学など研究機関・労働組合・NPO・市民団体が，保育という社会問題に対して，NPOが中心となって水平的にネットワーク化し，共同して調査・政策提言を行うスタイルは，既存の労働運動の枠組みを超えた市民社会における社会運動となり，アメリカで隆興している「社会運動ユニオニズム」の実践の経験であった。

5　SDGsと労働運動の役割

　労働者保護が弱い企業中心社会では，労働者の命まで収奪される「過労死」が，現代においても重要な社会問題として残り続けている。まさに，SDGs「働きがいも経済成長も」の両立，ディーセントワークの先にこそ持続可能な経済発展がある。当NPOのこれまでの取り組みから学んだことは，労働環境の改善には，労働法を学ぶことだけでなく，実践するための権利意識，ひいては「上の人任せにしない」「おかしいことには声をあげる」といった民主主義社会に主権者意識が決定的に重要になってくる。封建的企業社会に，「声をあげることが当たり前」という民主主義的価値観の普及する社会の変容がなければ，SDGsのいう「働きがいも，経済発展も」の達成は難しいのではないか。労働は人の生活の中心的基盤であり，労働運動の必要性は今も変わらない。むしろ，SDGsの実現のために，学習と実践によって自覚的となった市民による労働運動に期待されることは大きく，当NPOも試行錯誤を継続していきたい。

第3章
産業と技術革新の基盤をつくろう
強靱（レジリエント）なインフラ構築，包摂的かつ持続可能な産業化の促進及びイノベーションの推進を図る

　SDGs のなかで目標9はとりわけ「人気」がない。朝日新聞社「SDGs 認知度調査」は「どの目標に関心があるか」を尋ねるが，目標9は，SDGs の推進方策に関する目標17「パートナーシップで目標を達成しよう」を除くと常に最下位だ。この目標が人々の日常から遠く感じられるからだろう。しかし実際には，目標9は，私たちの暮らしと SDGs 全体を根底から支えるものである。

　1つ目の「インフラの構築」は，道路，上下水道，送電網，情報・通信施設といった，私たちの社会を支える基盤設備を，すべての人々が利用できるよう充実させることをさす。これらの整備は，産業を発展させ「豊かさ」の目標7～11を達成するためだけでなく，所得向上，健康改善，教育保障といった「人間」の基本的な生活にかかわる目標1～5にも不可欠だ。とくに，基盤設備が十分に整わない開発途上国の状況を改善すること，そしてそのための国際協力が強く求められている。いっぽう，日本国内でも，障碍のある人の利用を阻むような道路や交通機関，家庭のインターネット利用格差など，「すべての人々が利用できる」インフラの整備という視点からみると課題が浮かび上がる。新型コロナ感染症が広がり，インターネット利用格差が情報，教育，健康，経済などの格差に直結する事態（デジタル・ディバイド）は，国内でも世界でも深刻化している。感染症拡大に伴い深刻化した課題には，航空業界の急落もある。また，気候変動に伴い激甚化する災害に対し強く柔軟なインフラの整備も，国内外共通の大きな課題となっている。

　2つ目の「産業化の促進」では，とくに開発途上国における製造業の発展が意図されている。1つ目のインフラ構築が進み，そのうえに製造業が発展することが，前述の「豊かさ」，そして「人間」の目標達成に不可欠だが，なかでも後発開発途上国での産業化の道のりは険しい。日本を含む先進国が急速な産

業化を実現できたのは，途上国から資源を安く輸入し利用してきたためであることを考えれば，国際的な格差の解消に向けた先進国の責任の大きさは明らかだ。

　3つ目の「イノベーションの推進」は，とくに日本国内でも重要な取り組みだ。目標9のターゲットのうち，イノベーション促進を直接的にうたうのは9.5だが，9.4に記される資源利用効率の向上や環境に配慮した技術と産業プロセスの実現，9.1の「すべての人が利用できる」インフラの実現も，イノベーションがあって初めて可能となる。科学技術の発展が自然環境や社会の破壊を引き起こしてきた過去から学び，「産業化の促進」と「持続可能な開発」の矛盾を乗り越えるイノベーションが強く求められる。自然環境を保全し，社会の公正を促しながら，産業の発展を実現するために，有効な科学技術を生み出すイノベーション，そしてそのイノベーションを人々が民主的に誘導する仕組みを，教育はどのように支えていけるだろうか。（編者）

目標9．強靱（レジリエント）なインフラ構築，包摂的かつ持続可能な産業化の促進及びイノベーションの推進を図る

9.1　すべての人々に安価で公平なアクセスに重点を置いた経済発展と人間の福祉を支援するために，地域・越境インフラを含む質の高い，信頼でき，持続可能かつ強靱（レジリエント）なインフラを開発する。

9.2　包摂的かつ持続可能な産業化を促進し，2030年までに各国の状況に応じて雇用及びGDPに占める産業セクターの割合を大幅に増加させる。後発開発途上国については同割合を倍増させる。

9.3　特に開発途上国における小規模の製造業その他の企業の，安価な資金貸付などの金融サービスやバリューチェーン及び市場への統合へのアクセスを拡大する。

9.4　2030年までに，資源利用効率の向上とクリーン技術及び環境に配慮した技術・産業プロセスの導入拡大を通じたインフラ改良や産業改善により，持続可能性を向上させる。すべての国々は各国の能力に応じた取組を行う。

9.5　2030年までにイノベーションを促進させることや100万人当たりの研究開発従事者数を大幅に増加させ，また官民研究開発の支出を拡大させるなど，開発途上国をはじめとするすべての国々の産業セクターにおける科学研究を促進し，技術能力を向上させる。

9.a　アフリカ諸国，後発開発途上国，内陸開発途上国及び小島嶼開発途上国への金融・テクノロジー・技術の支援強化を通じて，開発途上国における持続可能かつ強靱（レジリエント）なインフラ開発を促進する。

9.b　産業の多様化や商品への付加価値創造などに資する政策環境の確保などを通じて，開発途上国の国内における技術開発，研究及びイノベーションを支援する。

9.c　後発開発途上国において情報通信技術へのアクセスを大幅に向上させ，2020年までに普遍的かつ安価なインターネット・アクセスを提供できるよう図る。

(1) イノベーションと科学技術政策

目標9には複合的・多面的な内容が盛り込まれているが，ここでは，イノベーションと科学技術政策という観点に主に絞りつつ考察を進める。産業と技術革新の基盤をつくるためには，中長期的な視野をもった科学技術政策と，それによって生み出されるイノベーションが不可欠だからである。

"innovation" について，「イノベーション」とカタカナで記されることも多いが，訳語として「技術革新」も多く用いられてきた。『広辞苑』でも，イノベーションは「①刷新。革新。新機軸」に続いて，「②生産技術の革新のほか，新商品の開発，新市場・新資源の開拓，新しい経営組織の形成などを含む概念。シュンペーターが用いた。日本では狭く技術革新の意に用いることもある」と記載されている[1]。イノベーションを技術革新と訳すのは適切ではないという見解もみられるが[2]，両者は明確に区別されない場面も多い。科学技術分野ということを明確にするために，「科学技術イノベーション」といった用法も散見される。本章では，語の用法にこうした「揺れ」がみられることをふまえたうえで，文脈に応じて柔軟に用いることにしたい。

なお，イノベーションという語は，第1期と第2期の科学技術基本計画ではみられず，第3期（2006〜2011年度）に初めて登場し，「科学的発見や技術的発明を洞察力と融合し発展させ，新たな社会的価値や経済的価値を生み出す革新」とされた。第4期では，「科学的な発見や発明等による新たな知識を基にした知的・文化的価値の創造と，それらの知識を発展させて経済的，社会的・公共的価値の創造に結びつける革新」とされている[3]。イノベーションの定義・含意は時代により揺れがあるが，"新たなモノ・コト・サービスを通じて社会発展に寄与する科学技術の革新" というニュアンスは基本的に共通している。

ところでいま，「科学技術基本計画」について言及した。日本の科学技術政策の方向性は，内閣総理大臣が座長を務める「総合科学技術・イノベーション会議」で審議される。1995年に施行された「科学技術基本法」に基づき，中長期的な科学技術政策は，この5カ年ごとの科学技術基本計画として定められ

てきた⁴⁾。この計画は，上記の会議での審議を経て，閣議決定がなされる。第1期では，政府の研究開発投資の目標額は5年間で約17兆円と設定され，老朽化した大学や研究設備の整備が行われた。第2期では，ライフサイエンス，IT，環境，ナノテクノロジーの4分野への重点化が計られた（目標額約24兆円）。第3期では，4分野を引き続き重点化するとともに，イノベーションという語が初めて用いられた（目標額約25兆円）。第5期では，目標額は25兆円とされ，東日本大震災を受けて復興・再生が重要課題に掲げられた⁵⁾。

　第5期では，後述するように，Society 5.0を旗印とした超スマート社会の実現が産学官の連携のもとでめざされた。2021年度からは，名称を新たにした第6期「科学技術・イノベーション基本計画」が始まった（本章脱稿後に閣議決定されたためここでは言及しない）⁶⁾。なお，科学技術政策に関しては，科学技術基本計画のほかにも，さまざまな戦略が策定されてきた。たとえば，統合イノベーション政策推進会議は，司令塔会議の総合科学技術・イノベーション会議を含む複数の会議・推進本部などの調整を図りつつ「統合イノベーション戦略」（2018年閣議決定）を推進するために内閣に設置され，2020年7月には「統合イノベーション戦略2020」を策定している⁷⁾。

　ただ，このように中長期的な計画を策定したとしても，そこに実効性がなければ意味がない。そこで科学技術基本計画では，その期間における政府による研究開発投資の目標額が設定されている。いっぽうで，予算編成は年度ごとに決まるため，個々の施策については各年度単位の予算が組まれる。これまで，補正予算なども含めた総額として，年間約4〜5兆円規模の予算がおおむね継続的に確保されてきた。2019年度は，総額としては過去最高となる5兆7600億円が科学技術関係予算として執行された⁸⁾。このように，日本における科学技術政策の動向には，トップダウン型の政策決定プロセスが大きな影響力をもつ。ここでは，従来の財務省主導の予算編成とは異なり，概算要求前の企画段階から重点配分などを主導する新プロセスも採用されている⁹⁾。

(2) Society 5.0 と SDGs

　第5期の科学技術基本計画では，Society 5.0 という旗印が打ち出され，ICT の活用や超スマート社会など，重点領域を中心に研究開発を推進し，科学技術イノベーションに基づく未来社会の実現をめざすことが標榜された。ここではまず，4つのめざすべき国の姿として，「1. 持続的な成長と地域社会の自律的発展，2. 国及び国民の安全・安心の確保と豊かで質の高い生活の実現，3. 地球規模課題への対応と世界の発展への貢献，4. 知の資産の持続的創出」が，さらにその実現に向け，4本の柱「i) 未来の産業創造と社会変革，ii) 経済・社会的な課題への対応，iii) 基盤的な力の強化，iv) 人材，知，資金の好循環システムの構築」が示された。たとえば「i) 未来の産業創造と社会変革」では，「『超スマート社会』を世界に先駆けて実現するための一連の取組を更に深化させつつ『Society 5.0』として強力に推進する」として，イノベーションによる未来社会の実現をめざす姿勢が鮮明に打ち出された [10)]。

　しかし，Society 5.0 という未来社会像を，現時点において具体的にイメージするのは簡単なことではない。文科省による『科学技術白書』(令和2年版) には，2040年の社会のイメージとして，たとえば「個人の心理状態や感覚・味覚などを記録し，共有できる体験伝達メディア」が，科学技術的実現時期は2030年，社会的実現時期は2033年とされ，イラストとともに掲載されている。このほかにも，話し言葉であっても文脈を捉えた文章に自動整理・文字化できる AI システム，量子情報通信技術に基づく安全性の高い自動運転システム，過去の自分や偉人・遠隔地の人・ビデオゲームのキャラクターなどと競うことができる拡張現実スポーツ，匠技能の計測とモデリングを通じて職人の技と経験を習得できる AI システム，収穫した作物をドローンで自動運搬するシステムが，未来社会における具体的事例として紹介されている [11)]。

　科学技術政策では，このような未来社会に向けた戦略的な研究開発投資だけではなく，目の前にある喫緊の課題への対応も必要となる。たとえば，直近の動向としては，新型コロナ感染症の流行対策が重要な課題として浮上している。先にふれた「統合イノベーション戦略2020」には4つの柱が盛り込まれてい

るが，その最初が「1.　新型コロナウイルス感染症により直面する難局への対応と持続的かつ強靭な社会・経済構造の構築」なのである[12]。

　Society 5.0 の実現には，複数の領域におけるイノベーションや未来型産業の創造が必要とされるため，経済界との連携も不可欠である。実際に経団連は，Society 5.0 の社会実装と目標 9 の達成とを同時に視野に入れて，イノベーションによって SDGs の達成に貢献する姿勢を打ち出している。経団連によるウェブサイト「KeidanrenSDGs」は，Society 5.0 について，狩猟社会，農耕社会，工業社会，情報社会に続く，5 番目の新しい社会の姿であると紹介したうえで，「経団連は，SDGs の達成に向けて，技術革新を最大限活用することによる経済発展と社会的課題の解決の両立するコンセプト『Society 5.0』を提案します」と明記している。目標 9 については「機械学習を用いたプラント・工場における異常予兆検知」（アズビル），「モノづくりのイノベーション『i-Automation』（オムロン），「畜産の ICT 化への取り組み」（兼松）など，19 の事例を紹介し，日本の先進的企業が実現する技術革新によって SDGs 達成に貢献する姿勢を鮮明にしている[13]。

　このような，経済界や先進企業が取り組む，SDGs を念頭においた研究開発の促進は重要である。いっぽうで，多くの企業は，厳しい経済状況での競争を勝ち抜くため，SDGs をビジネスチャンスの 1 つとして捉えている。SDGs を企業経営と結びつけて解説するビジネス書は多数見いだせるが，SDGs の理念を深く理解することよりも，とにかくこの機会にいかに適応して企業価値を高めるかに力点があるようなものも散見される。もちろん，企業が存続や利潤を追求することは当然だが，そのことと SDGs への取り組みとが，矛盾せず相乗効果を上げるような状況が望ましい。たとえば，企業の発展においては，消費者の支持を得られるかも大きな要因である。持続可能な社会においては，SDGs に熱心な企業を評価し，環境に配慮せず SDGs を軽視する企業をさけるような，高い意識をもった消費者が求められることになる。

　しかし，実際には消費者のニーズを名目に，技術革新の競争がヒートアップしていく可能性もある。これまでの科学技術の研究・開発でも，消費者の「真

のニーズ」に応えるというよりは，広告・宣伝活動によって購買意欲や「欲望」をつくり出そうとするケースが少なくなかった。こうした状況のままでは，2018年の「ゲノム編集ベビー誕生」報道のように，本当に必要かが曖昧で倫理的な問題を伴う科学技術まで生み出されてしまうおそれすらある。

　これまで述べてきた科学技術政策や経済界の動向は，基本的には科学技術をいかに振興するかという観点が中心となっている。SDGsに貢献する分野のアクセルを踏み込み，必要なイノベーションを加速することはたしかに重要である。いっぽうで，新しい科学技術がまだ萌芽的な段階から，そのリスクや倫理を含む課題に冷静な目を向け，早期から指針や規制を検討するというブレーキの観点も，真のSDGs達成をめざすためには必要ではないだろうか。科学技術イノベーションが，持続可能な社会に対する新たな脅威を生んでは，本末転倒だからである。

（3）イノベーションによるSDGsへの貢献

　SDGsの達成に科学技術イノベーションがどのように貢献するかについて，中村（2019）は以下の点をあげている。すなわち，「新技術の発明や既存技術の活用による地球環境の保全と経済成長の両立への貢献」「食料や水の確保，格差是正，教育，健康，プライバシーの確保に対して，科学技術イノベーションが貢献すること」「エビデンスベースでの意思（政策）決定のための観測やシミュレーションなどの活動」である。また，これとは別に「科学技術イノベーションのための人材育成や制度設計の枠組みづくりにおいて開発途上国を支援すること」にも言及している[14]。

　イノベーションによってSDGsの達成に貢献し，持続可能な社会を創造しようという動きは，すでに国内のさまざまな場面で始まっている。たとえば，石田・柏木（2019）は，霞ヶ関の取り組み，先進自治体の取り組み，先進企業の取り組みなど，さまざまな事例を紹介している。先進自治体の取り組みとしては，茨城県日立市の「交通モデル構築」，千葉県柏市の「柏の葉キャンパス」，横浜市の「Y-PORT事業」を，それぞれの市長が紹介している。先進企業の

取り組みとしては、清水建設から八千代エンジニアリングまで、15社の取り組みを掲載している。たとえば、清水建設は、これまでの取り組みに加えて、2つの先行モデル事業を紹介している。まず、東京都江東区豊洲で「豊洲スマートシティー連絡会」が事業実施主体となって、「ストレスフリーな交通・モビリティー」をテーマとして掲げている取り組みである。もう1つは、埼玉県毛呂山町での「毛呂山町スマートシティ」プロジェクトで、AIやIoT、ICTによる公共サービスとデジタルエクスチェンジを推し進め、先進的なマネジメントや新たな魅力のある付加価値の創出をめざしているという[15]。

　海外にも、SDGsを念頭においた取り組み事例は少なくない。たとえば、中口・熊崎 (2019) は、ドイツのフライブルク市を「SDGs先進都市」として紹介している。目標9に関しては、ドイツ全土で約2万5000人が働く応用研究機関であるフラウンホーファー研究機構の関連研究施設であり、ヨーロッパ最大の太陽光研究所である太陽エネルギーシステム研究所 (ISE) が、フライブルク市にあり最先端のエネルギーシステム開発が行われているという。また、研究機構から独立した技術者などが、エネルギーに関するコンサルティング会社や市民団体を設立していることも紹介している。そして、日本にはエネルギー型のローカルベンチャー企業がまだ少ないことや、既存のコンサルティング会社やNPOは無償での活動が多く経営的に苦しいことを指摘している[16]。

　ところで、現在のSociety 5.0やイノベーションへの取り組みは、SDGs達成とシンクロあるいは両輪をなすものとして好意的にみなされている。このことは、科学技術・イノベーション会議や経団連などによる先述の文書やウェブサイトなどからもうかがえるし、近年は「SDGs達成のための科学技術イノベーション (STI for SDGs)」という表現も、散見されるようになっている[17]。しかし、国内外の動向を冷静にみると、Society 5.0やスマートシティの社会実装は有望な取り組みであるとはいえ、イノベーションがストレートにSDGsの実現につながるとは限らないことに、いま一度立ち返る必要を感じる。両者の目的や背景はイコールではないし、過去の歴史においても、科学技術の発展の一部が環境への負荷をかえって高めたことは事実だからである。もちろん、SDGs

には，さまざまな国・地域のさまざまな主体がかかわっており，日本において日本流の取り組みが活性化すること自体は，現段階では必要である。とはいえ，Society 5.0 やスマートシティを含む科学技術イノベーションへの志向が，SDGs の達成にどのように寄与するのかについては，状況の進展にあわせて常に反省的視点から見直していく必要があるだろう。また，現在の日本で科学技術イノベーションの名のもとで重視されている研究開発のトレンドが，国際的なレベルで求められている SDGs の観点や日本への期待との差異がないかも，留意して進めていく必要があるだろう。このことは，日本の高度な科学技術が目標 9 に確かな貢献をなすためにも必要であるし，経済的な面でも新たなニーズやチャンスを発掘することにつながる。

Society 5.0 やスマートシティの実現に向けては，研究開発機関や経済界における単発的な取り組みだけではなく，産官学の連携も不可欠である。たとえば東京大学は，従来の産学連携からさらに進んだ，企業・大学間の本格的な大型の組織間連携によって社会課題の解決に取り組む「産学協創」の最初のモデルとして，日立製作所との「日立東大ラボ」を学内に設置した [18]。なお，東京大学は，イギリスの高等教育専門誌『Times Higher Education』が 2020 年 4 月に発表した，大学の社会貢献の取り組みを SDGs の枠組みを使って可視化するランキング「THE 大学インパクトランキング 2020」において，目標 9 について第 1 位タイを獲得している。さらに，このランキングでは第 9 位に東北大学が入り，トップ 10 に 2 大学入ったのは日本だけである。日本の大学の少なくとも一部は，目標 9 への取り組みに関して，国際的に高い評価を受けている [19]。

② イノベーションを支える人々の育成

(1) イノベーションを生みだす人材の育成

産官学の連携のように，「学」が加わることは，教育の観点，すなわち SDGs に寄与する人材育成の観点からも重要である。そこで次に，イノベーションを支える人々の育成について考えたい。

まず，高度な専門教育を担う高等教育機関では，日々の研究開発そのものが，

科学技術の人材育成と密接にかかわる。では，これからのイノベーションを進めていくための人材は，どのように育成されるべきであろうか。先進国では同様の問題意識がみられ，たとえば，科学 (science)，技術 (technology)，工学 (engineering)，数学 (mathematics) の頭文字をとった STEM 教育が注目されるようになり，国内外の科学教育界においてさまざまな研究や実践が取り組まれている。2017 年には，日本 STEM 教育学会が発足したし，日本科学教育学会は，学会誌『科学教育研究』での STEM 教育特集を企画した。

　これらを含め，科学技術イノベーションを進めていくための中心となる人材は，主に理学部や工学部を含む大学などの高等教育機関によって，いわゆる「理系」あるいは「理工系」の人材として育成されてきた。ただ，国公立私立を問わず，高等教育機関をとりまく経営環境は厳しさを増している。そこで，SDGs の登場後，これに対する研究と教育の取り組みをアピールポイントとして，積極的に活用しようとする大学・学部等が増加している。たとえば，経済誌『東洋経済』のムック本『東洋経済—SDGs に取り組む大学特集：国連が掲げ，世界 193 の国と地域が合意した「持続可能な開発目標」』では，東京大学や岡山大学など，SDGs に積極的に取り組む大学の記事が豊富な写真とともに掲載されている。さらに，広告企画と思われる記事として，東京大学から西南学院大学までの計 20 大学による SDGs にかかわる研究・教育の取り組みが，60 ページにわたって紹介されている [20]。ここで紹介されている取り組みは科学技術イノベーションに限定されてはいないが，大学における研究は教育となかば融合しており，SDGs に関する理工系の研究に積極的に取り組むことは，SDGs に貢献する人材を生み出すことにもつながってくる。

　ところで，SDGs に貢献するイノベーションを生み出す人材は，既存の常識にとらわれない新しい発想や，従来の学問分野の枠組みを超えて，新たな価値を構想する意欲と力をもった者であるだろう。ただ，大学などの研究組織は一般的に，年功序列型のヒエラルキーがいまだに幅を利かしているケースも少なくない。若い研究者たちが柔軟な発想で研究開発を進めていくためには，これを積極的に支援する環境が必要となる。いっぽうで，研究職・開発職は，いわ

ばその分野における各教育段階でのセレクションを生き抜いた先にあるので，幅広い裾野をもったピラミッド型の人材育成の仕組みも必要となる。また，研究職・開発職に就く者にだけ科学教育が必要になるわけではなく，人々の科学技術リテラシーの重要性も，言を俟たないであろう。たとえば科学技術・イノベーション基本法においても，第22条に「国は，青少年をはじめ広く国民があらゆる機会を通じて科学技術に対する理解と関心を深めることができるよう，学校教育及び社会教育における科学技術に関する学習の振興並びに科学技術に関する啓発及び知識の普及に必要な施策を講ずるものとする」と明記されている。

　そこでつぎに，高等教育以前の学校教育，すなわち初等・中等教育について考えてみたい。この段階では，各教科等を中心に，基礎的学力の獲得がめざされる。SDGs や先述の STEM 教育にかかわる取り組みは，近年は増加している印象があるものの，イノベーションを直接に念頭においた教育はまだそれほど活発ではない。しかし，近年の理科教育では，理科で学ぶ科学と，日常生活や社会との関連性やものづくり，あるいは自身の生活やキャリアとの関係を意識させることも，重視されるようになっている。iPS 細胞など最先端の研究成果が，教科書のなかで紹介されるケースもある。今後，若年人口がますます減少する社会において，国内の人材はいわば取り合いの様相を呈するおそれがある。そのなかで，科学教育のみを重視すべきというわけではないにせよ，イノベーションを推進していく人材や，一定数の理工系人材の確保は，高度科学技術社会における基盤の維持という点からも喫緊の課題となっている。たとえば，エンジニアの職人的技術やノウハウの継承が途絶えることは，重大な事故・災害につながるおそれがあると考えられている。

(2) イノベーションを民主的に誘導する人々の育成

　ここまでは，イノベーションによって生み出される未来社会のために，どのような人材が求められるのかという点から考察を進めてきた。つまり，持続可能な未来，より限定するとたとえば Society 5.0 のような未来像を描いて，そこからのバックキャスティングの視点で，実現のためにいま取り組まれている

（あるいは今後必要となる）政策や人材育成（教育）について論じてきた。また、ここまでの「人材」とは、イノベーションを直接進めていく研究者や開発者、すなわち「専門家」を、主に念頭においていた。しかし、持続可能な社会を実現するためにSDGsを推進するとき、その社会も、そのためのプロセスも、一部の専門家のためのものではない。専門家ではない人々を視野にいれて、SDGsやイノベーションについて考えていく必要がある。

　そもそも「人材」という用語には、社会にとって必要な人々を育てるというニュアンスがある。しかし、SDGsや持続可能な開発のための教育（ESD）の文脈では、外から個に働きかける視点だけではなく、個々の学習者の主体形成や成長発展を教育によって「支援していく」視点が重視される。この視点は、これまでに述べてきた動向と、必ずしも相反するものではない。しかし、「人材論」や「社会論」のような議論は、全体的・俯瞰的視点で論じられやすいがゆえに、しばしば一人ひとりの個性や「想い」を軽視しがちになるおそれもある。

　また、持続可能な社会という未来像（総論）に対して人類全体が賛成したとしても、実際の人々は多様な立場や価値観に立脚している。そのため、具体的な道筋（各論）について、多様な意見や利害がせめぎ合うことは避けられない。このときに、トップダウン型の視点のみを強調し、国家や社会にとって都合のよい「人材」を画一的に育成しようとすることは、多様な観点や寛容性をかえって損ない、持続可能性を危機にさらすおそれすらあるだろう。思想や行動の多様性は、社会の持続と発展にとっても、不可欠の要因だからである。そして、これらは国家レベルの話だけではない。持続可能な社会をめざすSDGsという輝かしい目標の名の下で、自分たちが受け持っている学級・学校、自分たちが主催するイベント、自分たちの家庭において、自分たちの信念を所与のものとして相手に押しつけてはいないか（一人ひとりの個性や「想い」を本当に大切にできているか）という点を、教師や指導者は問い続けていく必要がある。

　目標9や科学技術に議論を戻すと、これまでの科学技術政策の観点では一般に、いかにイノベーションを広範かつ迅速に進めるのかに力点がおかれてきた。しかし、すでにふれたように、このようなアクセルの観点だけではなく、とき

にはブレーキをかける観点も必要である。たとえば，テクノロジー・アセスメントのような施策は，リスクや社会的影響がまだみえない萌芽的科学技術においては，とくに重要となる。また，さまざまな課題のうち何を優先すべきかの判断においては，多様な人々の意見が反映されるべきである。つまり，「イノベーションの民主的誘導」という観点が必要となる。この観点から，科学技術がかかわる課題に対して社会的判断を行わなければならないときの，仕組みや具体的な制度設計，すなわち「科学技術ガバナンス」の必要性も生じる。ここでは，さまざまな分野の専門家，さまざまなレベルの政府（国際組織・国・地方自治体），さまざまな団体（専門家団体・事業者団体など）や市民といった多様なアクターがかかわりながら，課題への対応をマネジメントしていくことになる[21]。このような場面では，専門家や政策担当者ではない人々にも意思決定や合意形成への参画が求められ，一般市民の責任は増す。トップダウンかボトムアップかという単純な二項的図式ではなく，科学技術がかかわる課題に集団（社会・国家・人類共通）で協働して取り組む基本姿勢が重要となる。この基本姿勢は，SDGs の理念とも本質的に合致するだろう。

　以上をまとめると，持続可能な社会をめざすためには，イノベーションを促進しつつリスクや課題に対しても慎重に備えることと，そのプロセスを人々が納得できるような民主的な手続きのなかで進めていくための仕組みづくりが必要となる。そして，この状況のなかでは，イノベーションを生み出そうとする専門的人材と，専門家ではない立場から科学技術の課題に積極的に発言する人々が，ともに重要となる。そのためには，科学技術ガバナンスをはっきりと念頭においた新たな教育的取り組みも，ますます必要となる。過去の STS（科学・技術・社会）教育や近年の STEM 教育は，これと重なり合う部分が確かにあるものの，学校教育のなかに確かな位置を占めるまでには至っていない。既存の教科教育の枠組みが少なくとも当面は維持されることを前提に，教材開発や実践を積み重ねて次の段階に進むことが，喫緊の課題である[22]。

　なお，このような問題意識を背景として，筆者は仲間の研究者と協働しつつ，市民参加型手法を活用した教材開発を進めてきた[23]。筆者自身が直接かかわっ

たものについては，その一部を教材集『科学技術と環境について考えるための理科・科学教育プログラム集（第3版）』にまとめて頒布してきた[24]。たとえば「シナリオ・ワークショップ　地球温暖化対策について考えよう」では，地球温暖化対策についての基本的な知識を得たうえで，地球温暖化対策への4つのシナリオを提示する。そして，それらを学習者に選択（意思決定）させ，グループでの合意形成に取り組んでもらう。教員研修用の冊子についても併せて開発し，筆者が講師を務めた現職教員研修でも活用した。また，学校現場などへの導入と普及を進めるためには，より手軽でシンプルな教材が必要であると考え，ワークショップ部分を両面1枚にまとめた教材も開発した。たとえば，人工知能（AI）が生み出す将来の社会問題について討論するために，フューチャーサーチという参加型手法による活動を1枚のワークシートにまとめ，このワークシートを教師が活用できるよう，台本形式の指導の手引きも作成した。このような取り組みを進めることで，科学技術や環境の問題について，学習者が主体的な意思決定と集団における合意形成の過程を経験し，科学技術ガバナンスに対してより積極的かつ有効に参画できるような資質や能力の育成につながることをめざしている。

(3) 市民と科学技術の距離を縮める人々の育成

つぎに，人材育成や教育に関して，やや異なる観点から考察したい。すなわち科学技術コミュニケーションと，そのための人材である科学技術コミュニケーター育成という観点である。

科学技術コミュニケーションとは，「科学技術の専門家集団が自分たち以外の社会のさまざまな集団や組織と科学技術に関して意思疎通をはかる活動」である[25]。もっとも広義には，科学技術に関して人々の間で進められる，意思疎通をはかるためのコミュニケーションのすべてをさす。科学コミュニケーションや，サイエンスコミュニケーションなどとも呼ばれる。科学者・技術者と市民が講演会などで直接出会うことも科学技術コミュニケーションの1つであるが，これ以外の多様な活動が含まれる。学校において行われている理科教育や技術

教育のような教科教育も，科学技術コミュニケーションの一形態といえる。ただ，このような明確な教育的意図をもたない場合であっても，科学と技術に関するさまざまなコミュニケーションが日々進行しており，そのなかで人々の科学技術についての認識やイメージが育まれているという点が重要である。たとえば，バラエティ番組のようなテレビ番組で取り上げられる科学技術の影響は，非常に大きい。そして，科学技術コミュニケーションを通じて育まれた人々の科学や技術に対するイメージや好悪が，自覚的・無自覚的に人々の消費行動や有権者としての政治判断に影響し，結果として科学技術に対し間接的な影響を及ぼしている[26]。

　目標9やイノベーション推進の文脈で考えると，ここ数年，ニュースやバラエティ番組のなかで，SDGsへの取り組みとして企業のさまざまなすぐれた科学技術を紹介するものが散見される。これらを通じて醸成される人々のイメージは，イノベーションに取り組む企業の価値を高めるとともに，目標9への取り組みについて肯定的評価を与えることにつながっていくだろう。楽観化や単純化への懸念がないとはいえないものの，こうしたかたちで目標9やイノベーションへの取り組みに対する理解や支持が強まり，好循環を生む可能性は無視できない。そのため，マスメディアだけでない身近なレベルでも，SDGsやイノベーションに焦点を当てた科学技術コミュニケーションをさらに活性化させることが重要である。また，これによって，科学技術を生み出す現場と一般の人々との間の距離を縮めることは，専門家が自分たちの取り組みに新たな意義を見いだすことや，専門家ではない人々が適切なイノベーションを誘導していくことにつながる。そのためには，コミュニケーションを意図的に仕掛ける，科学技術コミュニケーターの役割も重要になる。すでに，科学技術コミュニケーターの重要性はある程度認識されており，その養成も一部の大学や国立科学博物館などで進められている[27]。コミュニケーターを志す若い人々は少なくないが，実際の職業としてこれをめざして経済的に自立することは，まだ容易な道ではない。よって，このような専門家と専門家ではない人々をつなぐ役割にもっと着目し，それを正業や副業としていけるような取り組みやその支援を強

化していくことは，SDGs の視点からも重要である。

(1) 適切な評価でグローバルな発展へつなげる

　ここまで，主に国内の施策や今後の方向性を中心に考察してきた。しかし，SDGs は国際目標であり，目標9も世界共通の目標として設定されたものである。そして，世界においては，日本のような高度科学技術社会は，むしろ例外的であるということを忘れてはならない。目標9をみても，開発途上国における産業化の支援や，イノベーションによる諸課題の解決，そして何より開発途上国における強靭なインフラの整備が，主に念頭にあると思われる。

　そのような国際的な環境のなかでの日本におけるイノベーションの推進は，まず1つは，高度な科学技術を駆使して持続可能な社会をいち早く構築するという，世界における先進的なモデルとしての意味があるだろう。その過程で出てくる新たな社会的課題や技術的課題を先取りするという意味でも，日本における「実験」には意義がある。しかし，一歩間違えば，日本が世界から孤立（ガラパゴス化）した特異な社会を創り出すという道に進む可能性もある。国内のイノベーション振興だけではなく，開発途上国を含んだいま難題をかかえている人々や社会に対して，日本が培ってきた高度な科学技術や新たなイノベーションによって解決策や適応策を提案していくという観点をもつ必要がある。

　すでに，SDGs に熱心な企業の多くは，このような活動を地道に展開している。しかし，SDGs に対する取り組みが広まるなかで，玉石混淆の状態が生じ，すぐれた視点や施策が埋没してしまわないようにも留意すべきである。環境への取り組みをうたう企業は 20 世紀終盤ごろには急増し，そのような姿勢を表立って否定するような企業はいまや存在しないと思われる。さまざまな企業のウェブサイトには，環境への取り組みや商品の安全性が紹介されているし，そのような姿勢を訴求しようとする宣伝・広告も少なくない。また，CSR (corporate social responsibility：企業の社会的責任）という概念も広まってきた。しかし，これらのなかには，根拠に乏しい抽象的なアピールや美辞麗句にとどまるような

ものも，残念ながらみられる。目標9やイノベーションへの取り組みについて，単なる企業戦略のPR道具として使い捨てられることのないよう，また，真剣に取り組む企業などを適切に支援できるよう，消費者でもある一般の人々の高い見識が求められることになる。また，そのような適切な評価能力を育てる教育も，いっそう重要となる。

(2) ほかの目標の土台としてのイノベーション

目標9は，ほかの目標に対する関連性が非常に大きい。たとえば，目標の「1. 貧困をなくそう」「4. 質の高い教育をみんなに」「5. ジェンダー平等を実現しよう」「8. 働きがいも経済成長も」「10. 人や国の不平等をなくそう」などの達成には，安価なインターネット環境の充実，ICTを活用した教育水準の向上や，雇用環境の質的向上がそのための前提となる。また，イノベーションによる品種改良や環境改良による生産性向上は，目標「2. 飢餓をゼロに」に貢献するだろう。イノベーションによる先端医療の推進や，難病の克服，衛生状態の改善と，それらの開発途上国への普及は，目標「3. すべての人に健康と福祉を」に貢献する。高度な科学技術に裏づけられた安全で持続可能なインフラの構築は，目標「6. 安全な水とトイレを世界中に」「7. エネルギーをみんなにそしてクリーンに」「11. 住み続けられるまちづくりを」に貢献する。目標「13. 気候変動に具体的な対策を」「14. 海の豊かさを守ろう」「15. 陸の豊かさも守ろう」の実現のためには，環境に負荷をかけるような不適切な化学物質をなるべく抑制するとともに，新たな科学技術の創造や，ときには伝統技術への回帰も必要となる。なお，このとき単純な伝統技術への回帰よりも，これを最先端の科学技術とのハイブリッドのかたちで実現するほうがより効率的だろう。さらに，目標「16. 平和と公正をすべての人に」「17. パートナーシップで目標を達成しよう」は，以上を前提としなければ達成できないものであるとともに，そのプロセスにおいてはやはりICTの活用が大きな鍵となる。

つまり，目標9やイノベーションは，すべての目標の土台あるいは前提となるべき存在なのである。仮に目標9を中心軸ととらえるならば，Society 5.0の

ような未来社会をつくり上げていくなかで，新たなイノベーションが社会実装されていくことで，ほかの目標を含む広範な課題群が同時的・相乗的に克服されていくという，理想的な目標達成の道筋が描かれる。しかし，もちろんこれは非常に楽観的な仮定であり，目標9への取り組みや，昨今の「イノベーション・ブーム」が，ほかの目標の達成や環境問題の解決に直結するという単純な仮定に陥っていないかは，常に慎重に省みる必要がある。また，イノベーションの推進が，自然にほかの目標にも波及していくというような，安易な幻想やイノベーション万能論にも注意すべきである。基礎科学の重視が技術開発にまでストレートにつながっていくという単純なリニア・モデルは，実際にはそれほど機能しなかったように，イノベーションや新たな科学技術の登場がSDGsにもストレートに寄与しうるのかについては，楽観視をせず個々に慎重に判断していく必要がある。また，すでに述べたように，イノベーションや新たな科学技術（とくに萌芽的技術）の創成点や転換点における判断は，科学技術ガバナンスの観点から，幅広い人々の合意形成のなかで進めていくことも必要である。

(3) 科学技術の推進だけでは限界が

　ここまで，目標9とほかの目標との関連について，主にイノベーションの観点から考察してきた。しかし，SDGsの達成において，必ずしも先端的な科学技術が必要となるわけではなく，既存の科学技術を活用することも重要である[28]。新たな科学技術やイノベーションを推進しつつも，すでにある国内のすぐれた科学技術の潜在的な価値に着目し，国際貢献を視野に入れつつ，SDGsの達成を科学技術が下支えしていくというのが理想となる。

　いっぽうで，なぜ人類は「持続不可能な現実」に直面しているのだろうか。少なくとも，科学技術の発展が不十分であったからではない。むしろ，日本のような先進国の人々は，高度な科学技術に一日中・生涯にわたって囲まれており，ICTが活用され，便利に暮らしている。そのうえで，さらにイノベーションを進めていくというのであれば，それを国内外の誰のために，なぜ進め，何に役立てていくのかということを，常に問い直していく必要がある。そうでな

ければ，科学技術やイノベーションへの「欲望」がまた次の「欲望」を生みだし，それがまず弱い立場の人々に対して，そしていずれは人類全体に対して，大きな災いをもたらすことすら，決して杞憂ではないだろう。

　筆者自身は，最先端の科学技術にロマンを感じるし，とくに医療や災害対策の分野では，国内においてすら科学技術の振興は十分ではないと考える。しかし，科学技術の多くが功罪両面をもち，科学技術やイノベーションを盲目的に推進することは人類を危険に晒す行為かもしれないという，自制的・反省的な視点も忘れるべきではない[29]。イノベーションは，有望な特効薬の1つではあっても，万能薬ではないのである。

注
1) 新村出編（2018）『広辞苑　第七版』岩波書店。
2) 藤末健三「白書が指摘する，わが国の重すぎる課題」https://xtech.nikkei.com/dm/article/COLUMN/20070926/139700/（2021年4月10日最終閲覧，以下URL同じ）。
3) 総合科学技術・イノベーション会議「総合科学技術・イノベーション会議　第6回基本計画専門調査会　配布資料　参考資料3『第5期科学技術基本計画レビューとりまとめ』5」https://www8.cao.go.jp/cstp/tyousakai/kihon6/6kai/sanko3-5.pdf。
4) 科学技術基本法は2020年6月に改正されるとともに，科学技術・イノベーション基本法に名称が変更された。
5) 「成長への貢献　道筋見えず―第5期科学技術基本計画の中間まとめ」『朝日新聞』2015年6月11日付朝刊，26頁。
6) 内閣府「第6期科学技術・イノベーション基本計画」https://www8.cao.go.jp/cstp/kihonkeikaku/index6.html。
7) 内閣府「統合イノベーション戦略2020」https://www8.cao.go.jp/cstp/tougosenryaku/index.html。
8) 内閣府「科学技術関係予算　令和2年度　第1次・第2次補正予算の概要について」https://www8.cao.go.jp/cstp/budget/r2dai2hosei_yosan.pdf。
9) 内閣府「科学技術関係予算のプロセス（平成26年度〜）」https://www8.cao.go.jp/cstp/budget/index4.html。
10) 内閣府「科学技術基本計画」https://www8.cao.go.jp/cstp/kihonkeikaku/index5.html。
11) 文部科学省『令和2年版　科学技術白書』https://www.mext.go.jp/b_menu/hakusho/html/hpaa202001/1421221.html。
12) 前掲，注7)。
13) 経団連（日本経済団体連合会）「KeidanrennSDGs」https://www.keidanrensdgs.com/。
14) 中村道治（2019）「『日本版SDGs』への科学技術戦略」『外交』55，42-47頁。

15）石田東生・柏木孝夫（2019）『スマートシティ　Society 5.0 の社会実装』時評社。

16）中口毅博・熊崎実佳（2019）『SDGs 先進都市フライブルク―市民主体の持続可能なまちづくり』学芸出版社。

17）文部科学省「STI for SDGs」https://www.mext.go.jp/a_menu/kagaku/kokusai/sdgs/1408716.htm。

18）日立東大ラボ（2018）『Society（ソサエティ）5.0―人間中心の超スマート社会』日本経済新聞出版社。

19）ベネッセコーポレーション「SDGs に対応した THE 大学インパクトランキングで北海道大学が総合 76 位」『THE　世界大学ランキング　日本版』https://japanuniversityrankings.jp/topics/00160/index.html。

20）なお，冊子全体は 96 頁である。駒橋憲一発行／井坂康志編集（2019）『東洋経済―SDGs に取り組む大学特集：国連が掲げ，世界 193 の国と地域が合意した「持続可能な開発目標」』東洋経済新報社。

21）城山英明（2007）「科学技術ガバナンスの機能と組織」『科学技術ガバナンス』東信堂，39-72 頁。

22）これらの点について，環境教育・ESD の観点からは以下で検討してまとめた。福井智紀（2017）「科学教育の観点から見た大都市圏の環境教育・ESD」『大都市圏の環境教育・ESD』筑波書房，93-106 頁。

23）このような研究・実践について国内学会誌に掲載された先駆的事例として，たとえば，内田隆・福井智紀（2012）「参加型テクノロジーアセスメントの手法を利用した理科教材の開発―臓器移植法案を題材としたシナリオワークショップの実践」（『理科教育学研究』53（2）229-239 頁）がある。近年の成果は，鶴岡義彦編著（2019）『科学的リテラシーを育成する理科教育の創造』（大学教育出版）における複数の章でも報告されている。

24）麻布大学教職課程研究室〔福井ゼミ〕（2019）『科学技術と環境について考えるための理科・科学教育プログラム集（第 3 版）』未出版・非売品（※希望者に頒布）。

25）小林傳司（2007）『トランス・サイエンスの時代』NTT 出版，35 頁。

26）科学技術コミュニケーションが含む内容や，その背景については，たとえば以下にまとめられている。林衛・加藤和人・佐倉統（2005）「なぜいま『科学コミュニケーション』なのか？」『遺伝』59（1），30-34 頁。

27）北海道大学科学技術コミュニケーター養成ユニット（CoSTEP）（2007）『はじめよう！科学技術コミュニケーション』ナカニシヤ出版。

28）大竹暁（2018）「科学技術振興機構の SDGs への取り組みと産業界への期待」『技術と経済』618，8-17 頁。

29）科学技術の功罪については，短文ではあるが以下にまとめている。福井智紀（2019）「12 科学・技術の功罪」日本環境教育学会ほか編『事典　持続可能な社会と教育』教育出版，36-37 頁。

（実践）　目標 9 の達成に向けた長岡技術科学大学の取り組み

1　目標 9 は何を求められているのか

　SDGs のそれぞれの目標は比較的周知されるが，それぞれの目標の下に設定されるターゲットはまだまだ周知されているとはいえない。SDGs を実現するには，より具体的になっているターゲットをいかに実現していくかが重要になる。

　目標 9 は，「レジリエントなインフラを整備し，包摂的で持続可能な産業化を推進するとともに，イノベーションの拡大を図る」であり，8 つのターゲット（p.68 参照）からなっている。それらのターゲットをとらえながら長岡技術科学大学（以下，本学）での取り組みを紹介し，目標 9 では何が求められるかを考えてみたい。

2　高等教育機関は目標 9 達成のために何をするべきか

　本学をはじめとして，高等教育機関である大学は，この目標 9 のターゲットに対してどのように寄与するべきか。多くの人間を雇用し，何かを製造し，経済活動を行う民間企業ではなく高等教育機関である大学の社会に対する責任は，「学生を育てること」である。したがって，ターゲット 9.2 や 9.3，9.c に対する対応はむずかしいといわざるをえない。

　また，本学は，国連アカデミックインパクトの目標 9 のハブ大学として，SDGs 達成をめざし，技術開発や起業を志す人材の育成が最も重要な責務であろう。さらに，SDGs というムーブメントを社会に浸透させて，その達成を加速することも重要であると考える。

3　目標 9 に向けた長岡技術科学大学の取り組み

（1）「これまで」と「いま」

①本学設立のビジョン―「技学の実践」と「VOS」

　本学は，1977 年に高専の後教育を行う大学として，産学連携を重視した実践的・指導的技術者を育成することを目的に豊橋技術科学大学とともに日本に 2 校の技術科学大学として設立された。そのため，設立当初から学部と大学院修士課程の定員をほぼ同数とした大学院に重点を置いた教育システムを有している。本学設立の背景には，大学の研究開発が実社会や産業界との関係が希薄であり，工学が机上の学問になっていることへの反省がある。そのため，本学は「技術を科学する」ことをその名前に包括し，技術科学大学となっている。すなわち，本学は実践的・指導的技術者の育成のために「技術科学：技学」を実践する大学として存在している。

　その実現のため，本学は，VOS（Vitality, Originality & Services；活力，独創性，世のための奉仕）をモットーとし，社会への奉仕を重視してきた。したがって，民間企業の共同研究を通して社会貢献するという行動規範は，本学が設立して以来，実践

しつづけている最も大切なものの１つである。社会への奉仕を理念の１つとして有している本学にとっては，SDGs はとくに新しいことではなく，本学がめざす社会への奉仕に対する方向性を「持続可能な開発」として具体化することととらえている。2020 年度より，「VOS for SDGs」を合い言葉にさらなる SDGs 達成に向けた活動を加速化，多様化していく計画である。

　本学はこれから述べる活動を SDGs に関連づけ，一部，再構築して，SDGs にかかわる活動を行ってきた。その結果，国連アカデミックインパクトの SDGs 目標 9 のハブ大学に任命されたものと考えている。これは，本学が SDGs 実現に向けて，自ら行動するとともに世界の大学や一般市民に対してその模範となる立場となったことを意味する。その責務のためにも，本学がこれまで何を行い，これから何をするべきかを整理していきたい。

② 本学の教育システム

　大学として，最も重要なことは，在学する学生への教育である。これは，目標 4 にもかかわるが，工学系の大学である本学はターゲット 9.5 に対応し，結果的に目標 9 のすべてにかかわることになる。技術者を育成する大学として，ほとんどの卒業生，修了生は民間企業，とくに製造業に就職する。民間企業は，大小のイノベーションを起こし，経済市場で相対優位を利用した有利な活動を行って，市場やそのシェアを拡大することで生存競争に勝ち抜かなくてはならない。いかにして製造業のなかでイノベーションを起こしうる技術者を育成するかが，本学が設立以来追い求めている教育上の課題といえる。

　本学が進める教育の特徴の１つに実務訓練がある。本学は，学部生の８割が高専出身者である。そのため高専卒業時に卒業研究を行っており，学生によっては国際会議で発表している者もいる。本学は，その学部生に，卒業研究を再度経験させるよりは，民間企業や公的機関で実際に技術者として働く経験をさせ，その経験をもって大学院での研究生活を送ることが重要であろうと考え，10 月中旬から 2 月までの長期インターンシップ「実務訓練」を実施している。

企業で技術者として働くということはどういうことか，自分に何ができて何が足りないかを把握して，大学院での研鑽が積めるのである。本学の学生は就職 3 年後の退職率が数％という低水準であるという特徴も実務訓練の効果の現れであると考えている。また，研究開発にこだわらず，生産・製造部門や保守部門に関心を有する学生も多く，企業における製造活動にフィットした創造的・指導的技術者を育成できていることの１つの証であると考えている。

ソーシャルイノベーション特論でのワークショップ

創造的・指導的技術者を育成するという本学のビジョンに基づき，本学独自の特徴的な教育システムを随所に導入している。たとえば，海外での研究活動は大学院では「リサーチインターンシップ」として大学院の正規科目として半年程度の留学が可能である。また，本学と豊橋技術科学大学がもつ独自の共同研究システムである技術開発センタープロジェクトは，民間企業のプロジェクト担当者が客員准教授・教授となり，大学院生への教育を分担する。また，近年では，コミュニケーション力や発想力，論理思考の強化を目的に，ワークショップやそのファシリテーションを行う講義が「ソーシャルイノベーション特論」を含めていくつか用意されている。こういった講義では，論題に関する調査が課題として与えられるため，アクティブラーニングとしての要素も含まれている。

　本学は，グローバル化に力を入れてきた。海外の協定締結機関は 110 カ国（2019 年5 月現在）に及び，すでに留学生比率は 14 ％（2019 年 4 月現在），留学生出身国は 30カ国前後と非常に多様であり，国立大学では常にトップクラスを維持している。また，前述の実務訓練も 18 ％は海外に派遣される。これは，すでにグローバル化された技術者という職業を考えれば当たり前である。日本の製造業はすでにグローバル化されており，大企業だけでなく，中小企業もグローバルなサプライチェーンに組み込まれている。そのため，技術者はグローバル化された組織でグローバル化した市場で競争に勝ち抜く力を必要とされる。こういったグローバル化された市場では，単に英語ができるなどといった話ではなく，文化が異なる人々と時に仲良く会話を交わし，時に激しく議論を交わすことが必須となり，多様な異文化受容性が必要となる。本学では，上記のような観点から多様な留学生とともに勉学に勤しみ，海外派遣のプログラムを構築している。

　本学が留学生教育に注力している理由は，日本人学生へのグローバル化対応という観点以外にも，本学の教育理念，強いては日本のものづくりマインドを海外に輸出するという観点もある。これは，目標 4 にも絡みながら，ターゲット 9.5 の達成に強く関与している。単なる科学や工学の研究経験がある人間ではなく，日本のものづくりマインドをもち，本学の VOS マインドを有する技術者を「輸出」することが社会奉仕になると考えるからである。

　留学生の経済負担を軽減しながら，日本のものづくりマインドを有する技術者育成を積極的に進めるため，ツイニングプログラムの構築を積極的に進めている。ツイニングプログラムとは，学部 1，2 年の前半を母国で，その後，3，4 年を本学で過ごすという教育システムである。本学は前半教育での日本語教育にも積極的に寄与しており，たとえば，日本語教育を午前中，母国語による専門教育を午後に行うなどし，専門科目基礎と日本語基礎を母国で習得する。現在までに，ベトナム 3 校，メキシコ，モンゴル，中国，マレーシアで実施している。3 年次での日本留学を選択せずとも母国の大学で学部卒業することができる。

　また，本学は SDGs インスティテュートとしてユネスコの認定を受けており，全学生が SDGs に関して学べる教育環境を整えている。全課程の学生が受講できる「地

STI-Gigaku におけるワークショップ　　　本学学生が開発したゲーム「SDGs カロム」

球環境と技術」や「地域産業と国際化」といった技術と経済や環境のかかわりを総合的に学習する講義も用意されている。加えて，修士から博士課程までの一貫教育でSDGs に特化した学習プログラムとして技学イノベーションション専攻を設置している。この専攻では，アントプレナー教育にも力を入れている。また，特化した社会人留学生に向けた教育システムとして設けている。とくに技学イノベーション専攻の学生を中心に SDGs 実現に向けた国際会議を運営したり，市民向けのイベントを企画運営したり，目標 9 実現の枠にとらわれない活動を展開している。2017 年から毎年，技学イノベーション専攻の学生が中心となって，STI-Gigaku という国際会議を開催しており，この会議の主題は SDGs の実現である。学生や企業の研究発表のみならず，SDGs にかかわる題材に関するワークショップを開催している。また，このほかにも，SDGs が学べるゲームを開発するなど，SDGs の認知度向上のために精力的に活動している。当該専攻の学生が開発した SDGs が学べるゲーム「SDGs カロム」は，親子でゲームを通して SDGs にふれあうことを目的にし，シンプルなルールで遊べるようにデザインされている。

　③技学に基づいた共同研究

　本学は，その設立の趣旨から，民間企業との共同研究を積極的に進めている。世界的大企業から中小企業まで，共同研究先は多様である。たとえば，高専と共同で企業との共同研究なども近年多くなっている。製造工程の問題解決から新製品・新技術の開発まで研究内容も幅が広い。加えて上記のように，技術開発センタープロジェクトなど，特徴的な共同研究プログラムも準備されている。こういった活動は，目標 9 に向けた環境整備である。

　象徴的な研究としては，ポーラスアスファルトの実用化，電気自動車向け急速充電器や水族館向けの水浄化システムなど，大企業との共同研究によってすでに商業化されているものも数多く存在する。それぞれ，目標 9 に対応すると同時に，ポーラスアスファルトは，より健全でスマートなインフラ整備としてターゲット 9.1 につながり，急速充電器は，省エネルギー化として目標 7 に，スマートモビリティーの実現として，ターゲット 11.2 につながる。また，水族館の水浄化システムは目標 4 や目標 14 にか

かわるであろう。

　本学の共同研究は中小・零細企業とも積極的に行っている。たとえば，新潟県内の中小企業との共同研究による繊維型除染剤を用いた放射性セシウムを効率よく吸着除去できる連続浄化処理技術の開発は，汚染水の浄化・回収装置につながり東日本大震災からの復興に大きく貢献している。この共同研究は，地域経済の発展に寄与するすぐれた技術を開発した者を対象とした「科学技術分野の文部科学大臣表彰　科学技術賞（技術部門）」に輝いている。

　さらに，地域産業を強化するような共同研究例も豊富である。たとえば，都市エリア産学官連携事業では，新潟県県央地区の企業を中心にマグネシウム合金とその生産

フェライト系ステンレス鋼製燃料電池用セパレーター試作品

出所：本学の梅田実教授・白仁田准教授より提供

プロセスの研究開発を行った。また，戦略的イノベーション創造プログラム（SIP）では本学と新潟県内企業を中心として産学連携チームをつくり，汎用的な市販鋼材に対して表面処理を施すことで特性を飛躍的に向上させるスーパーメタル化プロジェクトを実施した。このプロジェクトで開発された燃料電池用ステンレス鋼製セパレーターは，フェライト系ステンレス鋼を窒化処理することでオーステナイト系ステンレス鋼に匹敵する耐食性を付与することができた。この窒化処理は，長岡市内の企業と本学教員の共同研究から生まれたものである。

④一般市民へ向けて

　一般市民に向けた活動も積極的に行っている。一般市民が参加できる講演会だけでなく，長岡市内の高等教育機関と長岡市とともに進める「まちなかキャンパスながおか」は専門的な話をかみ砕いて提供する「まちなかカフェ」，5回程度のやや専門的な講義を聴く「まちなか大学」，さらに研究要素が加わる「まちなか大学院」といった構成で，長岡市民に対する生涯学習の場を提供している。また，本学の研究成果をわかりやすいかたちで展示する学内施設，テクノミュージアム（通称てくみゅ）には年間数千人が来場する。その運営は教職員と学生からなるてくみゅ Lab が行い，本学の研究に関するアウトリーチ活動であるのと同時に，専門的な内容を一般市民にわかりやすく説明するサイエンスコミュニケーションを本学学生が学ぶ場としても活用されている。サイエンスコミュニケーションは，技術者の説明責任の観点からもその重要さは増している。

(2) 技学の実践と VOS の「これから」

　今後，目標9実現の活動を加速するために，本学が進めるべきことは何であろうか。

大学の研究者が有する研究シーズ（種）を積極的に発信し，多くの企業が参画して，それぞれの技術革新を誘起するような研究開発のためのコンソーシアムを整備していくことを進める予定である。その際，本学や豊橋技術科学大学が有する全国の高専とのネットワークと海外協定大学・研究機関とのネットワークを活用し，日本全国のローカルネットワークとグローバルネットワークを有機的に紡ぎ，迅速な研究開発，迅速な市場投入ができる仕組みを構築する必要がある。この仕組みが活用できれば，発展途上国の技術シーズをいち早くキャッチアップして，両技術科

国	設置機関
メキシコ	グアナファト大学
	モンテレイ大学
	ヌエボレオン大学
チリ	個人デスク（サンティアゴ市内）
ルーマニア	ルーマニア・アメリカン大学
	バベシュ・ボヤイ大学
スペイン	気候変動・バスクセンター内（バスク大学）
ベトナム	ハノイ工科大学
	ホーチミン市工科大学
タイ	チュラロンコン大学
	コーディネーター雇用：タマサート大学
マレーシア	マレーシア科学大学
インド	インド工科大学マドラス校

各国の海外事務所など（2020 年 6 月現在）

学大学や高専の研究開発ネットワークで研究開発を行うということが可能になる。このため，本学では，複数の URA やコーディネーターを採用し，ネットワークの維持や営業活動に教員の研究時間が割かれないような状況を整えようとしている。とくに技学テクノパーク（GTP）プロジェクトとして，スーパーグローバル大学支援の助成を受けた GTP オフィスのほか，9 カ国 13 機関にオフィスやデスクやコーディネーターをおいている。これらを通し，日本人学生の海外インターンシップや外国人学生の日本でのインターンシップを行うなど，教育にも活用されている。

　さらに，現在，世界の SDGs 事情を発信できるウェブサイトを作成しようと考えている。前述のように本学の学生は，実務訓練やリサーチインターンシップで海外に滞在している。彼らはそこで研究活動を行うとともに日常の生活も送っている。派遣先では，多くの友人ができるであろう。その地域でどのような SDGs 対応がなされているか，現地の空気感とともに報告してもらい，世界の SDGs の見える化をしようと計画している。報道などでは，日本は SDGs に関して欧州に比べて遅れているとのネガティブな印象が目立ち，国際的な環境団体から日本の消極的な対応を非難する報道が多い。その一方，SDGs や環境活動の専門家のなかには，こういったネガティブな印象は，日本が実施する活動を情報発信していないからだとの声は少なくない。国連アカデミックインパクトのハブ大学である本学は，諸外国の先進的で有効な行動は取り入れ，私たちの活動のよい部分は積極的に発信することが重要であると考えている。それらの活動は，本学に在籍する学生への教育にも直接的，間接的に作用する。VOS マインドで SDGs を実現し，その先も世界を先導する大学としての文化の涵養に資するものと期待している。

第4章
人や国の不平等をなくそう

各国内及び各国間の不平等を是正する

　「誰一人取り残さない」ことを基本理念とするSDGsにおいて，人々の間の「不平等」の解決に立ち向かう目標10は，その根幹を成すものだ。9つのターゲットには，年齢，性別，障碍，人種，民族，出自，宗教，経済的地位といったさまざまな属性による差別を，法律や政策，行動を通じて解消し，社会的，経済的，政治的な機会と成果の平等を促していく決意がならぶ。

　国際社会はこれまで，世界人権宣言（1948年）以降，人種差別撤廃条約（1965年），社会権規約（1966年），自由権規約（1966年），女子差別撤廃条約（1979年），子どもの権利条約（1989年），移住労働者権利条約（1990年），障害者権利条約（2006年）などの規約・条約を結び，人々が差別されることなく，平等に人権を尊重される世界を希求してきた。そこには，人間一人ひとりがかけがえのない尊ばれるべき存在だという基本的な理念があることはもちろん，差別や不平等の解消が，安定した人間社会の発展に欠かせないという認識がある。

　SDGsの前身であるMDGs（ミレニアム開発目標）は，とくに先進国と開発途上国との格差を問題視し，途上国の状況改善を促した結果，極度の貧困に直面する人の割合が3分の1程度に減り，初等教育の就学率における男女格差が多くの国で改善するなどの成果を上げた。しかし，サハラ以南アフリカや南アジアといった地域と他地域の格差は大きく残された。

　先進国も含めた世界の変革をうたうSDGsの目標10では，そうした国の間の不平等に加え，各国内での不平等解消が強調される。本章に記されるとおり，日本国内の所得格差は先進国のなかで比較的高い。1980年代後半から上昇してきた相対的貧困率（世帯所得を世帯人数で調整した金額が中央値の半分「貧困線」を下回る人の割合）は2010年代以降横ばい，減少傾向となったが，依然，ひとり親世帯，とりわけ母子世帯の割合の高さなど，機会と結果の不平等が目立つ。

女性への蔑視，特定の民族や国籍の人々に対するヘイトスピーチ，同和問題，障碍者，先住民族，性的少数者などへの差別と，それによる社会的，経済的，政治的な不平等も根深く存在する。さらに，新型コロナ感染症の広がりは，もともと立場の弱い人々の状況を悪化させ，本章に示される状況からさらに不平等を増大させている。経済状況の悪化に伴い，ただでさえ減りつつあった先進国による途上国への援助がさらに減少し，国家間の不平等も増大する。

　「誰一人取り残さない」SDGsの実現には，人々がこうした不平等の実態を知るだけでなく，不平等・平等とは何かを考え話し合い，社会的な合意を築く過程が不可欠だ。さらに，自らの被差別・差別の経験を構造的な歪みと結びつけ声を上げる，エンパワメントとしての学習も欠かせない。本章が主に論じる開発教育のほかにも，人権教育，多文化共生教育，福祉教育などが蓄積してきた経験をふまえ，SDGs推進において，多様な主体が対等に参画する状況をいかに保障できるか。教育・学習の果たす役割は大きい。(編者)

目標10. 各国内及び各国間の不平等を是正する

10.1 2030年までに，各国の所得下位40％の所得成長率について，国内平均を上回る数値を漸進的に達成し，持続させる。

10.2 2030年までに，年齢，性別，障害，人種，民族，出自，宗教，あるいは経済的地位その他の状況に関わりなく，すべての人々の能力強化及び社会的，経済的及び政治的な包含を促進する。

10.3 差別的な法律，政策及び慣行の撤廃，ならびに適切な関連法規，政策，行動の促進などを通じて，機会均等を確保し，成果の不平等を是正する。

10.4 税制，賃金，社会保障政策をはじめとする政策を導入し，平等の拡大を漸進的に達成する。

10.5 世界金融市場と金融機関に対する規制とモニタリングを改善し，こうした規制の実施を強化する。

10.6 地球規模の国際経済・金融制度の意思決定における開発途上国の参加や発言力を拡大させることにより，より効果的で信用力があり，説明責任のある正当な制度を実現する。

10.7 計画に基づき良く管理された移住政策の実施などを通じて，秩序のとれた，安全で規則的かつ責任ある移住や流動性を促進する。

10.a 世界貿易機関（WTO）協定に従い，開発途上国，特に後発開発途上国に対する特別かつ異なる待遇の原則を実施する。

10.b 各国の国家計画やプログラムに従って，後発開発途上国，アフリカ諸国，小島嶼開発途上国及び内陸開発途上国を始めとする，ニーズが最も大きい国々への，政府開発援助（ODA）及び海外直接投資を含む資金の流入を促進する。

10.c 2030年までに，移住労働者による送金コストを3％未満に引き下げ，コストが5％を越える送金経路を撤廃する。

（1）世界の格差について

東西対立による各国の覇権争いを背景に、アジアやアフリカの国々が植民地からの独立を果たしつつあった1961年、第一次「国連開発の10年」が制定され、世界各国で開発問題に取り組む合意がなされた。国際的な開発政策の目的は、「北」の「先進工業国」をモデルとして途上国の近代化を早めることにあった[1]。その後、さまざまな開発政策がとられたが、国際レベルでの取り組みとしては、結果的に一部の国の経済発展を促したものの、先進国と途上国の経済格差はさらに拡大し、途上国内の貧富の格差も増大した。その後「国連開発の10年」は継続して第五次（～2010年）にまで至ったが、グローバル化が加速するなか、世界の格差は増大の一途であった。ではまず、その世界の格差の様相をいくつかのデータからみてみたい。

1992年に、国連開発計画（UNDP）年次報告『人間開発報告書（*Human Development Report*）』では、世界の成年人口を収入（income）階層別に五等分し、それぞれの階層が得ている収入を表した図が表紙となった（図4-1）。その図は、全世界人口の最も裕福な20%（5分の1）の人々が、世界の収入の82.7%を得ているのに対し、最も貧しい20%（5分の1）の人たちはわずか1.4%の収入を分け合っている現状を示した。図の形から「シャンパングラスの世界」と呼ばれ衝撃を与えたが、それから、四半世紀以上経過した現在はどうなったであろうか。

世界で大手の金融機関であるクレディ・スイスは「グローバル・ウェルス・データブック（*Global Wealth Databook*)」および「グローバル・ウェルス・レポート（*Global Wealth Report*）」として、世界や各国の金融保有資産のデータと分析報告を2010年版から発表している。2019年報告（*Credit Suisse*, 2019）によれば、世

図4-1　1992年『人間開発報告書』表紙デザイン
出所：UNDP駐日事務所ウェブサイト

界全人口の最も裕福な10%の人たちだけで世界の82%の富を保有している。また、年間金融資産100万ドル以上を保有する富裕層は、世界の成年人口の0.9%に当たり、その人たちによって全世界の富の43.9%が保有されている。いっぽうで、年間1万ドル未満で生活する世界人口56.6%の人たちは、全世界の富の1.8%を分けあっている。

同報告は、「国家間の富の不平等（inequality）は今世紀を通じて減少した」「全ての不平等指標はグローバル不平等が減少したことを示している」（27頁）とまとめられている。たしかに、最上位である「100万ドル以上」の人たちの1人当たり資産平均は、2016年の約353万ドルから2019年の約337万ドルと、16万ドル減少している。また、「1万ドル未満」「1万ドル以上10万ドル未満」で暮らす人たちの1人当たり資産平均は増加している（表4-1）。

しかし、上記から「不平等が減少した」といえてもなお、世界の富の格差は歴然としている。ではその格差が是正された状態とは、こうした社会全体を表すデータが具体的にどうなることなのであろうか。

日本国内の格差、たとえば給与所得者における格差をみてみよう。日本の給与所得者の平均給与年収は、約441万円である（国税庁、2019）。日本では、年収1000万円超の給与所得者（個人事業主を含めず）は5%おり、他方200万円以

表4-1　世界の資産階層別資産保有者（上段左：%）と保有資産（上段右：%）の割合および資産階層ごとの1人当たりの資産平均（下段；ドル）

年	2019		2018		2017		2016		2011	
100万ドル以上	0.9	43.9	0.8	44.8	0.7	45.9	0.7	45.6	0.5	38.5
	3,368,085		3,380,952		3,575,000		3,533,333		3,000,000	
10〜100万ドル未満	9.8	38.9	8.7	39.3	7.9	39.7	7.5	40.6	8.2	43.6
	280,962		286,009		284,910		284,658		272,629	
1〜10万ドル未満	32.6	15.5	26.6	13.9	21.3	11.6	18.5	11.4	23.6	14.5
	33,534		33,109		30,835		32,441		31,426	
1万ドル未満	56.6	1.8	63.9	1.9	70.1	2.7	73.2	2.4	67.6	3.3
	2,185		1,931		2,188		1,720		2,489	

注：割合は上から4桁目を四捨五入。資産額カテゴリーごとの1人当たりの資産平均は小数点以下四捨五入。
出所：*Credit Suisse Global Wealth Databook*, 2016-2019, 2011をもとに筆者作成

下は約 21.8 %（100 万円未満は 8.1 %）と，給与所得者全体の 5 分の 1 以上に当たる。ちなみにこの年間平均給与については，女性の平均が男性の平均を約 250 万円も下回り，正規労働者（無期雇用者）と非正規労働者（有期雇用者）の平均にも約 324 万円の差がある。

　また，世帯ごとの 1 年間の所得相対度の分布によると，「1000 万円以上」が 12.1 %であり，「100～200 万円」が 12.6 %，「100 万円未満」が 6.4 %となっている（厚生労働省，2019）。この分布のなかで最も多いのは「200～300 万円」の 13.6 %である。そして相対的貧困率を示す「貧困線」（2018 年：127 万円）に満たない世帯員の割合は 15.4 %である。じつに 6 人に 1 人が相対的貧困の状態にある。

　私たち自らの生活，自らの社会で考えると，以上のような所得の分布がどのようになれば，格差，そして不平等が縮小されたといえるだろうか。

　保有資産や収入・所得という「得る富」を直接比較する以外に，ジニ係数[2]という格差を比較できる数値がある。ジニ係数は，年金などの社会保障制度や租税制度による所得再分配の効果をみるため，「再分配前」と「再分配後」の 2 種類が発表されている。「再分配後」のジニ係数では，日本は 1985 年の 0.304 から上昇し，2003 年に一旦下降をみせたものの再び上昇傾向にあり，2005 年に 0.387，2019 年で 0.372 となっている（厚生労働省，2017）。各国ジニ係数を示した OECD 資料「所得の不平等」に表される各国データの時期は異なるが，日本は 2015 年の値が 0.34，格差の高い順で OECD 加盟 38 カ国中 13 位となっている[3]。しかし，2019 年の日本の値である 0.372 でみた場合には，6 位のリトアニアの 0.37（2017 年）と同程度となる。やはり日本は OECD 加盟国のなかでも格差が高い国といえるだろう[4]。

(2) 格差から何を不平等とするか

　年間保有資産の 10 万ドル以上と 1 万ドル以下の格差は明白であるし，ジニ係数は格差を具体的に示す重要な指標である。その一方で，格差という事実だけでは，何を不平等とし何を具体的に平等化するべきか明確にならない。

　じつは，格差と不平等は同じ言葉のようで異なる。格差は差そのものをさす。

不平等とは平等を起源に考えるが，同じものを同じだけ手にすることが平等となる場合も，同じものを同じだけ手にしただけでは平等にならない場合もある。それは，もともと不平等がある状況で，同じものを同じだけ手にしても，その不平等は変わらないからである[5]。また，たとえば権利は誰もが同じく手にすることで平等になるが，権利の行使と実現は誰もが叶えられるわけではない不平等もある。つまり法の下の平等を手にしているからといって，その社会では不平等が解消されているとはいえないのである。

　繰り返しになるが，世界の富の規模とそれらを保有する格差の現状は，資源や人権の観点からも明らかな不平等があるといえる。世界銀行の定める「貧困ライン」となる「1日1.9ドル未満の生活」は絶対的貧困として決して容認できない。しかし，より具体的に格差と不平等の関係を考えるには，国やコミュニティにおける人の生き方の価値や実態を考慮しながら，構成員によって合意される結果の平等を想定することが必要になる。格差のどこからが容認できる「違い」となるのか，そしてどの点を平等化することで不平等を解消するのかを論じるには，平等化や不平等解消の先にある目標として「豊かさ」「幸せ」という観点が鍵となる。

　まず「豊かさ」の観点のデータに，国連（UN Environment）から2012，2014，2018年に発表された「総合的な豊かさ報告（*Inclusive Wealth Report*：新国富レポート）」[6]がある。人工資本，人的資本（教育資本，健康資本），自然資本（農地資本，森林資本，漁業資本，鉱物資本）から世界140カ国の豊かさが導き出されている。世界全体の富を健康資本26％，教育資本33％，自然資本20％，人工資本21％の割合でみていることから，国の豊かさは，健康維持の制度と教育システムによって半分以上決められるとみる指標である。レポートの代表者でもある馬奈木は，この指標は「現代経済の持続可能性を評価するために作られた指標であり，現在を生きる我々，そして将来世代が得るであろう福祉を生み出す，社会が保有する富の金銭的価値を指す」（2016）とし，ここで「福祉」とされる"well-being"とは，人が将来世代にわたって享受する広義での幸福であるとしている（馬奈木，2016，2019：36頁）。新国富指標そのものは，規模

の大きな国ほど大きくなるため，時系列の成長率から持続可能性が比較される。2018年の新国富指標では，韓国，シンガポール，マルタ，ラトヴィア，アイルランドといった国々が上位にある（UN Environment, 2018）。自然資本が成長した国は31カ国にとどまり，人工資本と人的資本と引き換えに自然資本の成長を損なう世界傾向が推察されている（馬奈木，2019：49頁）。

　つぎに「幸せ」の観点のデータであるが，これは本人が「どう感じているか」という主観的データとなる。国連の持続可能な開発ソリューションネットワークは2012年から「世界幸福度レポート（*World Happiness Report*）」をまとめている。その指標は，1人当たりのGDP，社会的支援，健康寿命，人生の選択における自由，寛容さ，汚職に関する腐敗認知度であり，得られている回答から導き出されている。2019年版（Helliwellほか）では日本は156カ国中58位であった。上位10カ国は北欧，オセアニア，カナダが占め，下位10カ国は，アフリカ，紛争地域の中東，中米の国が占めた。

　またOECDは2011年から「よりよい暮らし指標（*Better Life Index*）」を提示しており，共同体とのかかわり，健康，住宅，教育，生活満足度，所得，環境，安全性，雇用，市民参加，ワークライフバランスの11項目が指標となっている。これらの指標は物質的な生活条件と生活の質を反映したものとされる。2017年はノルウェー，オーストリア，アイスランド，カナダが上位に連なる。日本の分析結果は，安全，健康，生活満足度が高く，環境，共同体とのかかわり，市民参加が低い（図4-2）。雇用率は高いが，職務ストレスも高く，

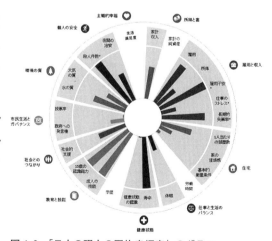

図4-2　「日本の現在の平均幸福度」のグラフ
出所：https://www.oecd.org/tokyo/statistics/aboutbli.htm
　　　「2017年版日本に関する資料（日本語）」より抜粋

所得と家計の調整済み可処分所得平均も OECD 平均を下回るとされている。

　「豊かさ」や「幸せ」のデータについては，情報収集の精度が上げられていかなければならないが，出される世界順位だけではなく，何を基準として測っているかが重要である。その基準から解消すべき不平等の観点が導き出されるからだ。「新国富レポート」による指標は，日本でもすでに自治体の持続可能な地域づくりへの政策活用のために用いられている（馬奈木，2019）。

　以上のような世界の「富」に関するデータ，そして現状の前提として忘れてはならないのは，もともと世界の開発政策は，先進国をモデルとした経済成長を促そうと展開されてきた点である。これまでの世界では，途上国の経済や暮らしが「先進国に近づく」ことをめざす不平等解消の方向性が掲げられてきた。しかし，先進国が「富」を追求する歩みを止めて途上国を待つわけではない。むしろ，先進国の経済的発展は，途上国との不平等な関係のもとに成り立ち，地球の持続不可能性を率先して進めてきた現実がある。その足並みで歩き続けるのでは，不平等は解消されないし，ましてや持続可能性にもたどりつかないという主張が，SDGs を含む「2030 アジェンダ」の根幹にある。

(3) 目標 10 の課題

　目標 10 が，それまで国連や主要国での国際会議で議論されてきていなかったにもかかわらず SDGs に組み入れられたことは，市民社会組織の 1 つの成果として報告されている。しかし，その一方で，達成の意志が反映される目標設定の妥当性や達成方法については疑問視される。とくに目標 10 全体における国内不平等の視点の圧倒的弱さと各ターゲットの関連性の不明確さ，そもそも前提となる格差の進展に対する分析の不十分さといった指摘がある（西川，2018：107-109 頁）。所得の底上げ，差別の禁止，分配の理念の実行，債務問題，途上国の発言力の拡大，移民政策など，どれをとっても，「取り組まなければならない」問題であるという合意はされても，何にどうやって取り組むかという実施手段は，起点となる現状調査分析を含めて国際機関や各国で組織的に吟味検討され提示されなければならない。

スローガン的であったとしても目標 10 が掲げられたことが成果となるのか，具体性ある目標設定でなければ結果が得られないのか，それはこれから次第である。目標 10 は，SDGs の本質的な理念性のある目標であるからこそ，覚悟をもって調査分析や実施が取り組まれるべきである。しかし，国際的・国内的にどのように体制が組まれているのかの不透明性は市民社会の課題でもある。たとえばターゲット 10.1 達成のためには，所得下位層に有利な政策をとらなければならず，所得上位層への課税や，対象である下位 40% 層に対する補助金の交付や優遇税制などが必要となるだろうが，日本では上位層への課税政策は進まず[7]，不平等税である消費税率上げが 2019 年に実施されたばかりである。国の政策に対して働きかけなければならない市民の課題は多い。

　目標そのものが掲げられたことが成果であっても，絵に描いた餅に終わらせないためには，目標設定の妥当性や評価方法，実施手段が組織的に具体化されなければならない。

② 不平等解消に向けた NGO の取り組みと開発教育

　国家間の不平等縮小は，目標 10 に限らず「2030 アジェンダ」全体の課題であり，植民地政策の歴史から続く地球的課題である。また，国内の不平等の問題には，人権保障の観点からの経済政策と福祉政策，さらには巨額の予算が注ぎ込まれる軍事政策を含む政治的取り組みが必要となる。では，不平等解消の成果につながる教育実践とはいかなるものであろうか。ターゲットそれぞれに明示される不平等を厳密に検証し，解消につながる教育を論じるには紙幅が足りないため，ここでは目標 10 の策定に通じた NGO による国家間の不平等解消の取り組みと，それに併せて取り組まれてきた開発教育について取り上げたい。

(1)「貧困」や「飢餓」という不平等解消のための関心喚起活動と教育

　「第一次国連開発の 10 年 (1961〜1970 年)」が実施され，国連開発計画 (UN-DP) も設立されたころ，多くの植民地の宗主国であったイギリスでは，途上国の「低開発」が優先課題として認識された。NGO や市民団体，労働組合や教

会組織なども「飢餓からの解放キャンペーン（1960〜1965年）」を展開した。1965年には労働党政権とNGOの協議の場として「海外援助と開発問題に関する有志委員会（Voluntary Committee on Overseas Aid and Development：VCO-AD)」が設置され，オックスファム（OXFAM)，クリスチャンエイド（Christian Aid)，セーブ・ザ・チルドレン（Save the Children）などの主要開発NGOが参加した。翌年には同委員会内に教育部が設けられ，イギリス国民に対する海外援助や開発問題に関する意識喚起と理解促進のために，国内キャンペーンや教材作成を開始した（湯本，2011：447-449頁）。援助活動にかかわったNGO関係者やボランティアが，帰国後，自国の市民が途上国の現状に対してあまりにも無知であることから，現場の実情を伝え，海外援助とその支援のための募金の必要性を呼びかけた活動が，この契機となった。

　そのほかオランダでは，1956年に設立されたノビブ（NOVIB：オランダ国際援助機構，現OXFAM NOVIB）が，家庭の食卓に貯金箱を置き，途上国の誰かを一人招待したと想定して食事ごとに食費を寄付する「食卓にゲストを」運動を1963年に始めた（湯本，2011：40頁）。その後，政府が民間団体へ資金を提供し，貧困のない世界をめざしたキャンペーンや学校教育が展開された。

　1980年代から，世界のNGOは，援助活動と途上国の問題に対する関心喚起や理解促進だけではなく，累積債務，重責債務貧困国の構造調整に関する活動を開始した（オックスファム・インターナショナル，2006）。それは，先進国による「開発援助」という名目の融資により不条理に膨らんだ途上国の借金をどうにかしなければ国家間格差は解決できないという構造的な問題に働きかける運動である。先進国に有利な貿易ルールの改正に向けた運動も展開された。

　イギリスでは，オックスファムが「変革のための飢餓キャンペーン」，クリスチャンエイドも「債務キャンペーン」「変革のための貿易キャンペーン」「誰が世界を動かしているのか？キャンペーン」を展開した。債務危機ネットワーク（Debt Crisis Network）の「ジュビリー2000キャンペーン（1995〜2000年）」による重債務貧困国の債務帳消し運動は国際規模となり，集まった約2340万人の署名は，総額700億ドルの債務削減の決定につながった。その後，イギリ

スにおける国際 NGO31 団体による国際貿易ルールの公正化をめざした「貿易公正化キャンペーン」(2000 年) があり，クリスチャンエイドの「命のための貿易キャンペーン」(2001 年) は，途上国に大きな影響力をもつ多国籍企業の行動を民主的なコントロール下におくためのガイドライン作成を働きかけた。また，オックスファムは，世界の貿易ルールの公正化をめざす「公正な貿易を！キャンペーン」(2002 年) を実施した。こうしたキャンペーンは，貧困にあえぐ人たちを，現地で「援助」するだけでは根本的な解決に至らないことを痛感した人々による，構造的な問題解決への働きかけであり，「途上国の膨らむ債務，貿易の不公正などの途上国の貧困問題をもうこれ以上放置できないという，イギリスの NGO の団結や行動の証」(重田，2005：223 頁) とされる。

　さらに，貧困問題の解決の資金をグローバルな税制度の導入によって確立しようという運動も起きた。1998 年，フランスで設立された ATTAC (アタック：市民を支援するために金融取引への課税を求めるアソシエーション) による，すべての外国為替取引に対して一定の率で課税 (トービン税) し，途上国の貧困の根絶のための資金にしようという運動が始まった。そして 1999 年にアメリカのシアトルで開催された WTO (世界貿易機構) 第 3 回閣僚会議での大規模な抗議活動を契機に，2001 年から「世界社会フォーラム (WSF)」が「世界経済フォーラム (WEF：通称ダボス会議)」に対抗，または働きかけをするかたちで毎年開催されるようになった。2005 年の第 5 回 WSF[8] では，当時のシラク大統領が「グローバル連帯税」の各国導入を主張した。グローバル連帯税としては，国際金融取引税，外国資本移動への課税 (租税回避への対策)，航空・海上輸送燃料への課税，航空券への課税が例示された。航空連帯税は，フランス，韓国，チリなど十数カ国ですでに導入されている。2008 年のリーマン・ショックの金融危機を経て，2010 年イギリスで，金融取引税のグローバル連帯税キャンペーン活動である「ロビン・フッド・タックス・キャンペーン」が立ち上がり，200 の NGO が参加した。外国為替や株式といった主要な金融取引すべてに課税し，その税収を国内向けと世界的な公共財向けに振り分け，後者にあたるものは開発と気候変動に用いることを提案したキャンペーンである。

こうした活動は，ジョセフ・スディグリッツ，トマ・ピケティといった著名な経済学者たちが強調する「分配」の経済に向けた動力である。貿易や金融取引といった世界のモノや財の「やりとり」における明白な不平等を解消するため，NGO は声を上げ貢献してきた。その努力の蓄積から，目標 10 が導かれている。

(2)「公正」を志向する開発教育—不平等を構造的に学ぶ活動

以上のように，先進国に比した「低開発」という不平等への関心喚起や，貿易上の不平等解消と，富の平等な分配に向けた NGO の活動とともに展開してきたのが開発教育である。開発教育は，明確な達成目標を掲げる「キャンペーン」に多くの人を巻き込むための，感情的な共感や運動に対する関心喚起のために進展したという側面がある[9]。いっぽうで，それが一過性の盛り上がりにとどまらず，社会構造に関する継続的な価値共有や，本質的な問題解決につながるには，何が問題なのか，どうして問題が起こるのか，問題をどうしていきたいのかを，人々が時間をかけて学び，実践しつづけていくことが欠かせない。

イギリスでは，1970 年代には，途上国の貧困や南北の経済的な格差の原因を知り，それらの問題の解決につなげる体系的な開発教育活動が行われはじめていた。学校教育や社会教育で展開していくために，セミナーが開催され，「貿易ゲーム」「飢餓ゲーム」などのシミュレーションゲーム教材も作成された。

日本でも，1970 年代後半の開発教育に関するセミナー開催を契機に，1982 年にネットワーク団体「開発教育協議会」(現開発教育協会：DEAR) が結成され，開発教育の内容論や方法論を深めながら研究，教材作成，セミナー開催，ネットワークづくりといった実践がされてきている。DEAR は 1997 年から，開発教育を以下のように説明してきた[10]。

私たちは，これまで経済を優先した開発をすすめてきた結果，貧富の格差や環境の破壊など，さまざまな問題を引き起こしてきました。これらの問題にとりくむことが，私たちみんなの大きな課題となっています。開発教育は，私たちひとりひとりが，開発をめぐるさまざまな問題を理解し，望ましい開発のあり方を考

え，共に生きることのできる公正な地球社会づくりに参加することをねらいとした教育活動です。

　開発教育の実践者たちが5年の議論の末にこの定義を作成したが（田中，2007：5頁），それ以前は，「低開発についてその様相と原因を理解し，開発のために積極的に参加をする態度を養うことをねらいとする教育活動」と定義されていた。この再考によって，先進国で暮らす自分たちが問題を引き起こした当事者である点が明示され，望ましい開発や公正な地球社会のあり方は既存の概念ではなく自ら考えて参加することでつくられるため，その教育プロセスが開発教育のねらいだとされた。望ましい開発や公正な地球社会の概念に，不平等解消は欠かせない課題だが，不平等解消そのものが開発教育の目標とされないのはなぜだろうか。そこには，公正な教育としての，学習者主体の教育の理念がある。

　学習者が主体となる学びを基本におく教育では，「こうあれ」「こうなれ」と人のあり方を教育者が決めない。教育目的が，外発的に（もしくは教育者によって）具体的に設定されると，教育は一人ひとりの自由な学習から遠のき，「動員」や「啓発」に傾いてしまう。一人ひとりが不平等解消に向けた活動をすることを教育成果として教育者が望んだとしても，それを学習者に強いたり，何が不平等解消に向けた活動なのかを断定したりすれば，学習者を主体とした教育にはならない。「公正さとは何か」から追求し，その具体的な行動や参加を学習者自ら創造する内発的な教育活動は，「動員」や「啓発」とは一線を画す。

　振り返れば，これまでの開発政策は先進国が正しいとする開発観を途上国にもち込みつづけ，その結果の現在である。教育理念においても，正しいとする開発観を学習者にもち込むのではなく，事実を認識しつつ，どうやって，どういう社会にしていくのかを自ら模索する教育が開発教育の理念である。そこにキャンペーンと，開発の過程と教育の過程における主体的な学びによって公正を追求する開発教育の違いがある。

(3) 開発教育を通して何を学ぶか——不平等の現状, 問題解決への参加, 価値づくり

つぎに, 開発教育の具体的実践を, 枠組みとなる教材[11]から説明したい。その内容には, ①世界の不平等な状況把握, ②不平等に関する問題解決への参加, ③解消に向けた価値づくりという観点がある。これらは, 国内の問題を含め, 差別や不平等の解消に向けたあらゆる教育実践に共通する観点となりうる。

①不平等な状況の把握

目標10の背景にある不平等な現状を体感的に把握する開発教育教材に『新・貿易ゲーム』(DEAR・かながわ国際交流財団, 2001：本章「実践」参照) や『ワークショップ版　世界がもし100人の村だったら』(DEAR) がある。いずれもシミュレーション教材で, 前者は国際貿易の不平等を体感するもの, 後者は世界の人口や使用言語, 二酸化炭素排出量などを俯瞰しつつ, 大陸ごとの富の配分を体感するものである。目標10やSDGs全体の達成には, 個別具体的な問題把握と取り組みが必要だが, 広く不可視的に地球社会で起きている不平等を概括的に捉えることは, 目標10達成に向けた学習のスタートとなる。立ちはだかる大きな世界の問題を捉えるための教育実践の需要は高いが, 大切なのはそこから展開される「参加」と「価値づくり」の観点による学習である。

②「不公正」への認識と問題解決への参加

より具体的に開発によって抑圧される人々や破壊される環境の現状を「不公正」な問題として学び, 問題解決への参加について考えるための教材がある。

現代的な「豊かさ」は, 国際貿易に依存する大量生産大量消費に立脚しており, その構造を支える生産現場には, 土地や自然, 生活を奪われたり, 大量の農薬を浴びつづけ危険な作業をしたり, 子どもが労働に従事したりといった人権と環境の問題がある。『パーム油のはなし』(DEAR, 2002；後掲「実践」参照), 『コーヒーカップの向こう側』(同, 2005), 『もっと話そう！エネルギーと原発のこと』(同, 2012), 『水から広がる学び』(同, 2014), 『スマホから考える世界・わたし・SDGs』(同, 2018), 『マジカルバナナ』(地球の木, 1999), 『コーヒーものがたり』(アフリカ理解プロジェクト), 『このTシャツはどこから来るの？』(ACE, 2015) などは, そうした「豊かさ」の裏側の実態を明らかにする教材だ。

いずれも最後に「私たちにできることは何か」を問いかけることに特徴がある。たとえば「友達に話す」「購入しない」「現地に行ってみる」「企業に働きかける」「情報発信をする」といった項目からできそうなことを選び出すアクティビティなどが設定されている。決意表明や答えを出すことではなく，本当にできるのか／できないのか，それらをするとどのような問題解決につながると思うのか／思わないのか，どうしたらできるのか，問題解決への参加を話し合い考えることが目的である。

　さらに，上記教材の最後の問い「私たちにできることは何か」に特化し，問題解決への参加自体を扱う教材に『ソーシャル・アクション　ハンドブック』（DEAR，2017）がある。具体的な問題解決への参加の方法（アクション）を示し，それによる社会的インパクトの可能性などを解説しつつ，学習者による問題解決への参加の模索を手助けする教材だ。各人が関心をもつテーマにひきつけられる理由を掘り下げ，自分と問題とのかかわりを深く問い，解決への参加方法を模索するという目的に特徴がある。

　このように，「不公正」な実態を知り，その問題解決への参加の方法を模索する過程には，次にあげる「価値づくり」という観点もかかわる。

③不平等・不公正解消に向けた価値づくり

　具体的な問題を理解し，その解決への参加を模索する際，地球社会の公正や平等に関する価値をつくり出す必要がある。豊かさをどう考えるか，何が不平等や不公正（または不正義）なのか，何を最も重視するのか，何を容認してはならないのかは自明ではなく，一人ひとりのなかに，そして社会的合意としても構築していかなければならない。

　そうした価値づくりに関連し，貧困や豊かさ，開発とは何かを根源的に考える内容の教材がある。『地球の仲間たち』（開発教育を考える会，1999）や『地球の食卓』[12]（DEAR，2010）は，慈善としての国際協力を促すために流布された「貧しい途上国」という偏見に対し，途上国でも人々は笑い，豊かな文化や暮らしをもっていること，文化そのものに優劣はないこと，むしろ自分たち（先進国）の生活の豊かさを問うべきだという点がテーマとなっている。また，『豊

かさと開発』(DEAR，2016) は，自らが考える，または多様な人にとっての，そして地域にとっての豊かさを模索し，そのための開発について考える教材である。自らの価値観に向き合い考え，開発とは何かを模索する内容になっている。

　つぎに，共生社会に向け，多くの人たちが意思決定に参加する民主的価値をつくる教材がある。たとえば『ひょうたん島問題』(藤原，2008) は，多文化共生課題を体感しつつ，どのような社会を志向するかという価値づくりをする内容だ。『「援助」する前に考えよう』(DEAR，2006) は，「外部の人間」の豊かさへの思い込みや都合ではなく，そこに住む人たちの考えに基づく開発を支える援助や協力を学ぶ教材である。そして『18歳選挙権と市民教育』(同) は，政治を含めた意思決定へ参加するために，学校・地域・国・世界といったコミュニティに対して，それらを「どうしていきたいか」という自らの価値をつくるものだ。

　開発教育では，以上のような教材が作成され，学校教育や社会教育の現場で用いられることで，多様な実践が展開されている。具体的な実践事例については既刊の文献 [13] や本章の実践報告を参照されたい。

③ 課題と可能性

(1) 不平等への問題意識から個別具体的な解決活動への学習

　開発教育には，格差，そして不平等の構造をみせる (可視化する) 意義がある。たとえば，ネットや店頭に並ぶ便利で見栄えのよい商品の生産やサプライチェーンにある「裏側」の問題は見えづらい。学校で「プランテーション」「単一栽培作物」といった言葉を知っても，実態として起こっている人権抑圧や環境負荷を考えたり議論をしたり，何が問題なのかを学ぶ機会は限られている。開発教育は，私たちの社会で「見えない」ことになっている，世界の不平等な構造そのものを「見せる」ことに長らく貢献してきている。

　しかし，目標10に具体的な分析と取り組みが必要なように，不平等な状況を俯瞰するだけではやはり不十分だ。開発教育プログラムの実施後に常にあがるのは「世界がこんなに不平等であることが悲しい」「どうしたらこの不平等

がなくなるのか」といった感想である。他方で「だからといって自分にできることは何かわからない」「自分にできることがあるとは思えない」という声も必ず出る。現実を知ったものの，世界という大きな単位を前にどうすればいいのか困惑する感想である。筆者がかつて，前述の『100人村ワークショップ』で不平等の問題を把握したあとの展開について議論する場を設けた際も[14]，「目線が先進国からのもの，と感じることもある」「少数派の意見が見えにくい」「世界のことを分かった気になってしまう」「このワークショップが『すべてではない』ということを伝える必要がある」「ワークショップ体験の『その後』が必要」「課題解決までに至らない」といった課題があげられた（近藤・田中・松倉，2019）。そこでは，SDGsの共通する理念に「公正」「共生」「平和」「人権」「参加」があることを確認したうえで，SDGsをいくつか取り上げ，1つ1つのゴールにある個別具体的な課題を，「何が問題なのか」と「どのように問題なのか」を整理していった。これをふまえ，「100人村」教材の改訂に際し，「『100人村ワークショップ』をふりかえり，展開をみつける」という，世界の俯瞰から学習テーマをさらに追求するためのアクティビティを加えた（DEAR，2020）。体感した世界の不平等や現状に対する戸惑いや憤りという感情から，具体的な学習活動につなげることを目的としている。

　そして，具体的な解決活動に向けた学習が重要である一方で，ゴール達成に向けた教育の是非は問われる。キャンペーンと教育の問題は開発教育でも議論されてきたが，MDGsに取り組んでいる期間には「開発教育の目標はMDGs達成」とまで言い切る論もあった（三宅，2012）。すでに気候変動は深刻に進み，1960年代から70年間にわたって開発問題に取り組んでなお格差は拡大しており，取り組みを急務とする課題ばかりである。SDGs達成も決して楽観視できない。公正をめざす教育に「成果」を求めたくなるのも無理はないが，先に述べたように，運動やキャンペーンと教育の役割は異なる。これからもこれまで以上にキャンペーンや政策提言を進め，世界を「変革」していかなければ，SDGsは到底達成できないであろう。しかし教育とは，それらの活動へと人を直接的に導くのではなく，人のなかに礎を築くのが役割である。

(2) 実践的な共生教育の必要性

　最後に，目標 10 達成への礎を築く教育として欠かせない課題から，人権侵害や差別解消に関する教育をとくにあげたい。ターゲット 10.2 が定められているのは，そこに明示されている具体的立場や状況に起因した格差があり，不平等があるという現状の改善のためである。またターゲット 10.3 には，その現状の改善の土台，基本となる，差別的な法律，政策，慣行の撤廃と機会均等の確保による成果の平等が掲げられている。

　たとえば日本では，子どもの権利条約（1994 年批准）や女子差別撤廃条約（1985 年批准）は批准から長い月日が流れても，国内の具体的対応は遅々としている。また近年，ヘイトスピーチ解消法（2016 年施行）や，障害者差別解消法（2016 年施行），性暴力被害者に差別的であった刑法性犯罪の 110 年ぶりの改正（2017 年施行）といった差別解消に向けた法整備の動きがみられる。しかし，ヘイトスピーチ解消法には罰則規定がなく，改正刑法性犯罪は，被害者による申し立てへの高いハードルとなる「脅迫・暴行要件」（脅迫や暴行があったことの立証）は解消されないなど途上にある。そして，増加している外国ルーツの人たちの生活や労働の権利保障は未整備といえる。差別的な慣行に至っては，性別役割分業，結婚や就職の際の身元調査など枚挙にいとまがない。収入格差の背景にはこうした差別が必ず連続している。

　人権侵害や差別解消に関する教育とは，すなわち共生に向けた教育であるが，それは「みんな違ってみんないい」といった個性尊重の理念の共有にとどまらない。人権とは何かを理解し，偏見や規範を問い，常に生じる互いの権利の対立解決にどう対応していくのかといった，学習者の生活や現実に即す実践的な教育が求められる。そうした教育を通して，正義や平等，そして公正といった概念を，学習者自ら構築することが重要である。またそれによって，人権や差別の問題，そして脆弱な立場にある人々の問題が，個別的に捉えられるのではなく，社会の構造的問題として認識されなければならない。

　社会や世界の問題を提示し「たいへんだから解決しなくては」という流れに乗せる教育ではなく，学習者が国内外の不平等を解消していくことの意義や必

要性を人権や共生といった土台から理解したうえで，開発教育のような問題解決への参加を志向する教育実践が活きるのである。

引用・参考文献

池田香代子・ダグラス・ラミス対訳（2017）『世界がもし100人の村だったら　お金篇』マガジンハウス

オックスファム・インターナショナル／渡辺龍也訳（2006）『貧富・公正貿易・NGO』新評論

上村雅彦（2016）『世界の富を再分配する30の方法』合同出版社

加納正雄「貿易と南北問題を学ぶための経済教育」『滋賀教育大学教育学部紀要　教育科学』No.60

厚生労働省（2017）「所得再分配調査報告書」

　　──（2019）「令和元年度国民生活基本調査」

国税庁（2019）「平成30年分民間給与実態調査」

近藤牧子・田中治彦・松倉紗野香（2019）「SDGs の基本理念を考える─『ワークショップ版世界がもし100人の村だったら』を事例に」『開発教育』第66号，開発教育協会

重田康博（2005）『NGO の発展の軌跡』明石書店

　　──（2017）『激動するグローバル市民社会』明石書店

田中徹二（2007）「国際連帯税ならびに UNITAID をめぐる動向と課題」『千葉大学　公共政策』第3巻第4号

西川潤（2018）「成長，ディーセント・ワーク，格差─SDGs8,10」大橋正明・高柳彰夫編著『SDGs を学ぶ』法律文化社

藤原孝章（2008）『ひょうたん島問題』明石書店

馬奈木俊介（2016）『新国富論』岩波書店

　　──（2019）『持続可能なまちづくり』中央経済社

三宅隆史（2012）「ポスト MDGs の国際開発の課題と開発教育の役割」『開発教育』第59号，開発教育協会

湯本浩之（2011）「英国におけるグローバル教育の成立と展開─ワールド・スタディーズと開発教育を中心に」ミリアム・スタイナー編『グローバル・ティーチャーの理論と実践─英国の大学と NGO による教員養成と開発教育の試み』岩﨑裕保・湯本浩之監訳,明石書店

Credit Suisse（2019）*The Global Wealth Report* 2019.

Credit Suisse（2016-2019）*Global Wealth Databook* 2016-2019.

Helliwell, J. F., R. Layard, and J. D. Sachs eds.（2019）*World Happiness Report 2019*, Sustainable Development Solutions Network.

UN Environment（2018）*Inclusive Wealth Report 2018*.

United Nation Development Programme "*Human Development Report 1992*" Oxford University Press

注

1）「第一次国連開発の10年」の目的は，経済成長を早めることによる貧困の解消であった。

結果として一部の国には経済発展が促されたが，先進国と途上国の経済格差は拡大し，途上国内の貧富の格差も拡大した。その原因は，アメリカの経済学者ウォルト・ロストウ（Rostow,W.W.）が示した経済発展段階説である「伝統社会」から「離陸段階」「成長段階」へと段階を踏む先進国の経済成長モデルをそのまま途上国にも適用可能であると考えた点や，そもそも開発概念が経済成長することとしてのみ捉えられた点にあった。

2) 格差を表す統計概念。対象となる集団に含まれるすべての数値間の差の絶対値を合計して，平均する（平均差）。全体の平均値を計算し，平均差を全体の平均値の2倍で割った結果がジニ係数となる。0と1の間の数値となり，1に近いほど格差が高く，0に近いほど格差が小さいことを示す。

3) https://data.oecd.org/inequality/income-inequality.htm（2020年9月22日最終閲覧）。2020年5月に38カ国目としてコスタリカが承認されたばかりであり，プロセスにある。統計グラフのなかで，南アフリカ，ブルガリアはOECD加盟外国である。

4) ちなみに2018年，日本の名目GDP（国内総生産）は1位のアメリカ（ジニ係数OECD加盟国第5位（2020年OECD Income Inequality）），2位の中国に次ぐ3位であるが，一人当たりのGDP比は世界26位である。https://data.worldbank.org/indicator/NY.GDP.PCAP.CD（2019年，World Bank Data）

5) 平等，公正，公平，正義の相違については，重田康博（2017）「『公正な社会』ってどんな社会？」西あい・湯本浩之編著『グローバル時代の「開発」を考える』明石書店。

6) 直訳は「総合的な豊かさ報告」であるが，日本語訳では「新国富レポート」とされる。

7) 株式譲渡益や配当所得にかかる税率が一律の分離課税であることの要因がある。2018年度税制改革では財源調達や所得再分配に機能する改正には着手されなかった。

8) ブラジルのポルトアレグレで開催され，MDGs達成のために「G-CAP（Global Call for Action against Poverty）」キャンペーン」が発足した。日本でG-CAPキャンペーンは「ほっとけない世界のまずしさキャンペーン」として展開され，ホワイトバンドやクリッキングフィルムが製作され，「ホワイト・バンドキャンペーン」が実施された。

9) 重田（2005：214頁）は，NGOによるキャンペーンの目的は「募金」「開発教育」「政策提言」に分類されるとしている。

10) 1996年以降の「入会案内」や機関誌『開発教育』の裏表紙に記載されている。イギリスの開発教育協会（DEA）は，開発教育の目的を「富と資源を公正に分かち合い，最も適正な最も持続可能な世界を達成するために活動すること」（*Promoting change though education*, 1998）と述べてきており，DEARの定義も影響を受けている。

11) 開発教育教材の特徴については，近藤牧子（2006）「開発教育教材の様相」『開発教育』第53号，明石書店を参照されたい。

12) 食文化のみならず，食品に用いられるエネルギー比較計算ができるフード・マイレージ，食料廃棄についてなど学べる教材である。

13) 開発教育協会編発行『開発教育』は2020年現在第67号まで発行されており，数多くの実践報告が掲載されている。そのほか『SDGsと開発教育』（2016，学文社）『SDGsカリキュラムの創造』（2019，学文社）なども参照されたい。

14) DEAR内のSDGs研究会のメンバーとして実施した，2019年の開発教育全国研究集会における課題別分科会「SDGsの基本理念を考える―『ワークショップ版世界がもし100人の村だったら』を事例に」より。

(実 践) 格差や不平等を体験し理解する教材実践

　ここでは，本章で紹介された開発教育の教材と実践について，広く格差や不平等を体験し理解する『貿易ゲーム』と，具体的な不平等の問題に取り組む『パーム油のはなし』の2点を用いた開発教育協会（DEAR）の実践を紹介する。

1 教材と実践1 『新・貿易ゲーム—経済のグローバル化を考える』

　「貿易ゲーム」（The Trading Game）は，1970年代に英国の国際協力 NGO，クリスチャン・エイド（Christian Aid）によって開発されたシミュレーション・ゲームだ。日本には1980年代に紹介され，市民活動団体等により普及・実践が重ねられて『新・貿易ゲーム』（開発教育協会・かながわ国際交流財団）が2001年に発行された。これは，英国のオリジナル版に，情報格差やフェアトレードなどの今日的なイシューを「応用編」として加えたものである。

(1) 教材のねらい

　本教材は，世界の貿易を疑似体験し，その過程で起こったことを振り返ることを通して，①貿易を中心とした世界経済の基本的な仕組みについて理解すること，②自由貿易や経済のグローバル化が引き起こすさまざまな問題に気づくこと，③南北格差や環境問題の解決に向けて，国際協力のあり方や，私たち一人ひとりの行動について考えることの3点を学習のねらいとしている。

　もちろん，非常に複雑な現実世界の出来事を単純化，モデル化したものであり，あらゆる事象を厳密に再現できるわけではない。また，英国でオリジナル版が発行されてから約40年，日本で『新・貿易ゲーム』が発行されて約20年が経つ現在，その内容は，変化しつづける社会・経済の状況を正しく反映しているとはいえない部分もある。しかし，世界経済の基本的な仕組みについて学習者の理解を助け，とくに「先進国」と「途上国」の経済的・社会的な格差が生じ，拡大していく背景をはじめ，社会問題について考えるきっかけを与えてくれる教材である。

(2) 進め方と展開

　まず，参加者を複数のグループに分け，それぞれを「国」と見立てる。参加者はハサミや鉛筆などの道具と紙を使って簡単な「製品」をつくり，「マーケット」で販売して収入を得る。あらかじめグループに渡される道具や紙，お金の量や質は異なっているが，事前には知らされない。参加者はゲームが進むうちにこの差異に気づき，ほかのグループ（国）と交渉（貿易）を始める。どのような交渉（貿易）をするのかは参加者に任せつつ，進行役は様子をみながら流れに変化をつけていく。参加者はゲーム

終了時まで「製品」をつくり，販売するというというのが大まかな内容である。

　展開はそのつど異なるが，ほとんどの場合，道具（技術）とお金（資本）をもつグループ（先進国）が製品を量産し，大金を手にして終わる。紙（資源）だけをもっていたグループ（途上国）は，ほかのグループに安価で紙を売ってしまい，道具がないために製品をつくることもできない。ゲーム終了時には，わずかな紙とお金だけが手元に残る（何も残らないこともある）。開始時には最大 20 倍だった所持金の差は，ゲーム終了時には 3000 倍にも開くことがある。これは，格差がより一層拡大していく状況を象徴的に表している。

　紙（資源）が枯渇し，売るものがなくなったグループ（途上国）は，ほかのグループでわずかばかりの賃金で製品づくりの労働をすることもある。受け入れたグループは「働かせてあげている」と得意気になることもあるし，不要になれば「もうけっこう」と告げる。不安定で差別的な環境下の移住労働者の状況そのものである。

　ゲーム中には，さらにさまざまなことが起こる。マーケットによい値段で買ってもらおうと甘言や賄賂をちらつかせたり（汚職），不平等な状況への憤慨から，暴力で打破しようというグループが出てくることもある（戦争）。ほかのグループに道具を提供するグループもあれば（無償援助），高い利子や条件をつけて貸し付ける場合もある（債務）。ほかのグループと机を合体させて一緒に製品をつくることもあれば，特定のグループとしか取引しないと決めるグループもある（保護貿易）。ゲームが進むうち，机の上は紙ごみ（廃棄物・温室効果ガス）でいっぱいになる。進行役が「環境税を課税します」と告げると，先進国グループはごみを隠したり，お金を払って途上国グループに引き取ってもらおうとしたりする（ごみ輸出・炭素税取引）。

　これらは一例だが，そのほとんどが現実に起こっていることであり，SDGs の数々の目標に関連する。進行役はゲーム中の参加者のふるまいを注意深く観察し，「ふりかえり」で気づきを促していく。「ふりかえり」では，何が起こったのか，現実社会を表している点／表していない点について話し合い，共有する。この過程で，経済の仕組みが格差を拡大し，人権侵害や環境破壊などの問題を生み出す原因の 1 つであることが可視化されていく。

(3) 問題解決のための行動を考える

　このような「ふりかえり」を通して「貿易ゲーム」の 3 つのねらいのうち，①と②にある「理解すること」はおおむね達成できるが，むずかしいのは，③の「問題解決のための行動を考える」ことである。

　「先進国」グループの参加者の代表的な感想は，以下のようなものである。

> 「ゲームをしている最中は必死で何も考えられなかった。自分の利益ばかりを考えていた。ふりかえりで世界の状況を知って驚いた。環境も壊してしまい，ショックだった」
> 「国際協力に関心を持っていたのに，貧富の格差を生み出している経済の仕組みのことは視野に入っていなかった。援助だけでは問題は解決しないと思った」

可視化された問題を理解し，そこに自身も加担していることを受け入れることで精いっぱいであることが多い。「この仕組みは変えたほうがいいと思う」という感想も出るが，ではどう変えるのかという具体的な提案にはなかなか至らない。

　「このゲームのルールはおかしい！　ルールを変えよう」という積極的で具体的な声が出やすいのは，たとえば，以下のように「途上国」グループ参加者からである。

「マーケットがグループによって対応を変えるのは不公平だ（：市場の透明性や平等なアクセスを求める声）」
「勝手に製品の価格を変えたり新しい規格を持ち出したりしないで（：先進国グループだけで集まってルールを決めることへの異論）」

　SDGs に沿った表現をすれば，これまで「取り残されてきた」人々にも参加の場を保障せよ，多様性を尊重せよという訴えである。

　参加者によっては，目からウロコが落ちるような展開になることがある。

　ある大学で実施した際，当初は夢中で製品をつくっていた「先進国」グループが，中盤から作業を止めて談笑しはじめたのだ。ハサミなどの道具はほかのグループに貸し出して悠々としている。聞けば「もうこれ以上お金はいらないし，あくせく働くのはいやだ。競争するより，おしゃべりしていたほうが楽しい」というのだ。「富豪のセミリタイア !?」とも考えられるが，経済第一主義の価値観から脱し，技術や情報は共有し，別の「豊かさ」にシフトチェンジする事例と考えることもできる。

　あるときは，ゲームが始まってしばらく経ち，状況がみえてくるなかで「こんなゲームはやりたくない」という声があがった。こんなことを続けていても「誰も幸せになれない」というのだ。いっぽうで，「ゲームを続けたい」という声も出された。いったん，配られた道具や紙，お金のすべてが部屋の中央に集められ「ゲームを続けたい人は，ここから好きなだけモノを持って行けばいい」ということになった。共有資源やオープン・アクセス資源などの，いわゆる「コモンズ」の提案とも考えられる。

　これらは滅多に起らない事例で，現実の社会でも主流化はしていないが，実践がないわけではない。変革（transformation）の糸口になるような可能性を秘めているようにも思う。この場に居合わせた参加者にとっては，これまでどおりの価値観（business as usual）を揺さぶられる経験になったはずだ。しかし，多くの場合は，参加者は素直にルールに従い，ゲームに没頭し，格差は拡大するばかりだ。おそろしいのは，現実のほうが「貿易ゲーム」よりも遥かにいびつでグロテスクなことだ。

　時折，教員など，実践を前提に参加した人からは「何分間ゲームをやるのか事前に知らせてほしい。そうすればもっと戦略を立てられるし，生徒は楽しく参加できると思う」といった声が出ることがある。現実がそうなっていれば，そうしてもいいのかもしれない。しかし，現実は，いつ終わるのかわからないなかで，誰かがつくった経済ゲームをやらされているようなものだ。しかも，有形無形の「ゲームに勝て」「負けても自己責任だ」というメッセージが発せられるなか，ルールを疑う余裕もなけれ

ば，ルールを変えようと声をあげることもできない。「何分間ゲームをやるのか」的な発想は，与えられたルール（枠）のなかで，何とかじょうずに立ち回れるような力をつけさせたいという考えだが，そもそものルール（枠）を疑い，変えていく力をつける学習こそが SDGs で示される変革の視点に立ったものではないだろうか。

2 教材と実践2 『パーム油のはなし～"地球にやさしい"って何だろう？』

『パーム油のはなし』は，ポテトチップス，チョコレート，カップラーメン，アイスクリーム，洗剤などの原料になっているパーム油を切り口に，大量消費・大量生産のライフスタイル，グローバリゼーション，プランテーション開発，先住民族，熱帯雨林，児童労働など，さまざまなテーマで学習することができる教材だ。

(1) 教材のねらい

本教材のねらいは，パーム油を通して，①生産国で起こっている問題を知り，その問題の構造を知ること，②私たちの消費生活とのつながりを理解すること，③問題解決のために何ができるかを考えることの3点である。

パーム油は，グローバリゼーションによる大量生産・大量消費の文化の拡大を背景に需要を伸ばしてきた。パーム油産業は環境破壊と土地収奪，安価な労働力という，まさに格差と不平等によって支えられてきた産業ともいえる。いっぽうで，世界のパーム油生産の大半を担うインドネシアとマレーシアには莫大な利益をもたらしてきた。雇用を創出し，貧困問題の解決に貢献してきたという一面もある。また，世界中の消費者は，安い消費材を購入できるという点において，パーム油産業の恩恵を得ている。

SDGs を受け，2018年の本教材改訂時には「パーム油をめぐる問題を理解することは，SDGs（持続可能な開発目標）の背景と意義を理解することにも役立ちます。このままでは『続かない（持続不可能な）』社会を，どうしたら『続く（持続可能な）』社会に変革していくことができるでしょう」という文章が加筆された。

もちろん，パーム油以外にも同様の構造で生産・消費されているものは多くある。たとえば，バナナやコーヒー，砂糖，カカオ，木材，鉱物などはわかりやすい事例である。興味深いのは，実践のなかで，「アルバイト先の待遇が劣悪だ」や「コンビニの弁当廃棄（食品ロス）がひどい」「技能実習制度は差別的だし，経済格差を助長していると思う」といった，国内の身近な問題について語り出す参加者が現れることだ。構造を理解し，その視点をもって社会をみると，問題の本質がみえてくるのだろう。

(2) 進め方と展開

教材は，①私たちの生活とパーム油（導入），②サラワクの森の恵み（環境と経済開発），③プランテーションの子どもたち（労働と人権），④「地球にやさしい」ってなんだろう（問題の整理と行動）の4章で構成され，合計9つのアクティビティと6つのコラム，写真（10枚），紙芝居，すごろくなどがセットになっている。目的や対象者によって，どこからでも自由に組み合せて利用することができる。

ここでは，②に含まれる「油ヤシ農園開発についての関係者会議（ロールプレイ）」を紹介する。参加者は以下の6人のいずれかに扮し，与えられたシナリオを用いアドリブをきかせて油ヤシ・プランテーション開発の是非を議論する。

- ◆ スニル（マレーシア政府の役人・賛成派）
- ◆ アナス（農園開発企業の幹部・賛成派）
- ◆ 高山（日本の洗剤メーカーの課長・賛成派）
- ◆ ジャリ（先住民族の村の村長・賛成派）
- ◆ ベート（ジャリとは別の先住民族の村の村長・反対派）
- ◆ ファティマ（環境保護 NGO のスタッフ・反対派）

　それぞれの主張は平行線をたどり，なかなか合意に至ることはない。参加者は役を演じながらも，他者の意見に共感し，ジレンマを感じる。役を演じながら議論をしたあとは，役を離れて自分の言葉で話し合ってもらう。その後，それぞれのグループでどのような話し合いになったのかを発表してもらい，全体で「ふりかえり」を行う。

　状況に応じて，農園で働く子どもや野生動物を役に加えるなどのアレンジをすることもあるが，基本的には開発賛成派が多数になるようにする。それは，マレーシアに限らず日本でも，開発推進の力は強く，開発に反対する人（先住民や子ども，女性など）の声は反映されにくいという状況を表している。この点についても「ふりかえり」で取り上げる。その後，「環境や人権を損なわない開発のあり方」にはどのようなものがあるのかを問いかけたり，「私たちにできること」を考えてもらったりする。

　「知らなかった。もっと調べたい」「他の人にも伝えたい」というのも行動の1つであるし，「商品を買うときに原材料表示をチェックする」「パーム油を使った商品の使用を減らす」，あるいは「RSPO 認証ラベル[1]のついた商品を選ぶ」といった，消費行動を変える意見が出ることもある。ワークショップ時には，問題意識が高まり意見を出したとしても，参加者が日々の生活でどのような行動をするのかはわからない。バリュー・アクション・ギャップ（value action gap）という言葉があるが，価値観と実際の行動が必ずしも常に一致するわけではない。NGO 関係者であっても，ファストファッションを着て，ペットボトル飲料を買い，安価な牛丼を好んで食べる人がいる。個々の消費者が行動を変えることはもちろん重要だが，限界もある。大きな「仕組み」を変えることがより重要だ。

（3）行動への抵抗感

　「仕組み」を変える行動には，NGO への参加，投票行動，企業への提言などがあるが，参加者はどこか及び腰であることが多い。

　現実のパーム油生産・加工・流通は BtoB（企業間取引）で行われており，消費者個人が選択できるのは，長いバリューチェーンを経た最終製品のみである。だからこそ，企業には持続可能性に配慮した生産・加工・流通をするように提言をし，政府には法による適切な管理や監視を求めていくことが重要である。

　ある教員向けの研修会で，「植物油と記載されているものがパーム油かどうか，パー

ム油であったら持続可能性に配慮して生産されたものかどうか質問してみませんか？」と提案したところ，「文句を言うことは抵抗がある」「1つの企業を攻撃するようなことはできない」という人が多かった。提案は，「文句」でも「攻撃」でもなく「質問する」というものだったのだが…。また，ある学校では，生徒が「どんな原材料が使われているのかもっと知りたい」「企業に質問してみたい」と興味を示した。教員に，企業に質問してみることを提案したところ，「企業に迷惑をかけることになるからできない」と却下された。ときには，「返事が来るかどうかわからないし，すぐに成果が出ない。生徒には成功体験をさせたい」という人もいる。さまざまな表現があるが，抵抗感を感じるのだろう。

　より持続可能性に配慮した商品をつくってほしいという意見を企業に伝えることは，消費者の権利である。消費者である前に，子どもや市民には意見表明権があるのだから，興味をもった生徒が実践を積んでいくことは，その後に生きる経験となるはずだ。

　パーム油に関することだけでなく，市民活動は，成果を得られないことの連続だ。それでも諦めずに提言し，事例を積み重ねることで変化や成果を生んできた。「持続可能な社会の実現」などという，とてつもない目標に賛同するのであれば，これまで通り（business as usual）ではいられない。企業に質問をすることに躊躇などしている場合ではないと思う。とはいえ，「学校」という枠のなかでは限界もあるのだろう。

③ 市民活動や企業との連携

　本教材をきっかけに，問題解決のためのさまざまな活動との連携が進んでいる。

　たとえば，本教材を使った授業をきっかけに，自主的にグループを立ち上げ，マレーシア・ボルネオ島にスタディツアーを実施している生徒，教員たちがいる。中高生や大学生によるグループも設立され，企業への調査や提言，啓発イベントやシンポジウムの開催などが行われている。また，プランテーション開発問題に取り組むNGOとの共同事業に発展するなど，市民活動との連携もある。

　さらには，パーム油を扱う総合商社や化成品メーカー，食品メーカーなどでも，本教材を活用した社員研修が実現している。問題を認識し，今よりも持続可能な方法で生産・加工されたパーム油を調達しようと方向を変える企業も増えてきた。私たちの実践が直接的に問題解決になっているかどうかは検証できないが，このような事例をみると，少なくとも「後退させない」力にはなっているのだと思う。

注
1) 持続可能なパーム油の生産と利用を促進することを目的に設立されたRSPO（Roundtable on Sustainable Palm Oil）による認証を取得した製品につけられるラベル。

第5章
住み続けられるまちづくりを
包摂的で安全かつ強靭（レジリエント）で持続可能な都市及び人間居住を実現する

　持続可能な世界への変革，「都市」はその主要な舞台だ。「都市」とは何か，その定義はじつは単純でない。行政や経済面の機能など，都市を定める要件は国や調査によって異なり，人口規模・密度についても基準はさまざまだ。目標11の達成状況を確認するために，国連人間居住計画（UN HABITAT）を中心に統一的な定義が検討され，建築物と人口の密度による定義が提案されている（2020, "What is a City?"）。いずれにせよ，都市とは，人々が集い，経済や政治，文化，教育など，人間社会の活動の中心となる場といえる。

　面積にすれば地球上のたった数％にすぎない「都市」で，世界の半数以上の人々が住居をかまえ，多様な活動が行われ，大量のエネルギーが消費され，温暖化ガスや汚染物質，廃棄物が排出され，格差が生まれている。新型コロナ感染症拡大の主な現場も都市だ。持続可能性を阻む問題の発生と影響の多くを都市が担う一方で，世界では，とくに途上国を中心に，都市の急速な拡大が当面続く。都市の持続可能性をうたう目標11の実現は，世界の行く末を左右する。

　世界では，都市住民の4分の1が暮らすスラムの改善が大きな課題となっている（ターゲット11.1）。スラムとは，貧しい人々が密集して暮らす都市の一角のことで，安全な住居や上下水道，電気，交通などのインフラが整わず，治安や衛生環境の悪さから人々の健康が日常的に脅かされ，新型コロナ感染症による被害もより深刻だ。気候変動や自然災害による影響もより大きい。スラムの生活改善はSDGsがうたう「誰一人取り残さない」の実現に欠かせない。

　日本では，三大都市圏に人口の過半数，とくに東京圏に3割が集中することによる過密化の一方で，国土の半分以上の地域で過疎化が進む。ところが新型コロナ感染症の拡大以降，東京都から周辺部への転出者が増えた。テレワークが発達したことも受けて，人々が感染症にも災害にも弱く窮屈な東京を抜け出

しつつあると考えられているが，こうした動きが長期的に続き，ほかの地方への移住も増えれば，持続可能な都市のあり方や，都市部と他地域の「良好なつながり（ターゲット 11.a）」を創造する機会となり得る。

　目標 11 が強調する，包摂（序章参照），安全，レジリエンスの視点から，日本の都市も大きく見直されていく必要がある。レジリエンスは「しなやかで強い」状態を表し，とくに変化や衝撃に柔軟に対応する力を意味する。本章では，このレジリエンスに基づくまちづくりについて，生態系の特徴から学ぶ必要性が論じられる。今後も予測できない変化にしなやかに対応しながら都市を再創造していくためには，住民が包摂，安全，レジリエンスに基づく持続可能性の価値を共有し，まちのビジョンを描き，意見を表し，まちづくりに参画していくプロセスが欠かせない。教育は，その重要な下支えとなる。（編者）

目標 11. 包摂的で安全かつ強靱（レジリエント）で持続可能な都市及び人間居住を実現する

11.1　2030 年までに，すべての人々の，適切，安全かつ安価な住宅及び基本的サービスへのアクセスを確保し，スラムを改善する。

11.2　2030 年までに，脆弱な立場にある人々，女性，子ども，障害者及び高齢者のニーズに特に配慮し，公共交通機関の拡大などを通じた交通の安全性改善により，すべての人々に，安全かつ安価で容易に利用できる，持続可能な輸送システムへのアクセスを提供する。

11.3　2030 年までに，包摂的かつ持続可能な都市化を促進し，すべての国々の参加型，包摂的かつ持続可能な人間居住計画・管理の能力を強化する。

11.4　世界の文化遺産及び自然遺産の保護・保全の努力を強化する。

11.5　2030 年までに，貧困層及び脆弱な立場にある人々の保護に焦点をあてながら，水関連災害などの災害による死者や被災者数を大幅に削減し，世界の国内総生産比で直接的経済損失を大幅に減らす。

11.6　2030 年までに，大気の質及び一般並びにその他の廃棄物の管理に特別な注意を払うことによるものを含め，都市の一人当たりの環境上の悪影響を軽減する。

11.7　2030 年までに，女性，子ども，高齢者及び障害者を含め，人々に安全で包摂的かつ利用が容易な緑地や公共スペースへの普遍的アクセスを提供する。

11.a　各国・地域規模の開発計画の強化を通じて，経済，社会，環境面における都市部，都市周辺部及び農村部間の良好なつながりを支援する。

11.b　2020 年までに，包含，資源効率，気候変動の緩和と適応，災害に対する強靱さ（レジリエンス）を目指す総合的政策及び計画を導入・実施した都市及び人間居住地の件数を大幅に増加させ，仙台防災枠組 2015-2030 に沿って，あらゆるレベルでの総合的な災害リスク管理の策定と実施を行う。

11.c　財政的及び技術的な支援などを通じて，後発開発途上国における現地の資材を用いた，持続可能かつ強靱（レジリエント）な建造物の整備を支援する。

21世紀初頭に，人類史上はじめて都市人口が農村人口を上回った。国連の予測では，今後も都市人口比率の増大傾向は続き，2050年には都市人口が農村人口の2倍以上になると見込まれている。21世紀を生きる私たちにとって，都市は最も一般的な生活環境となったわけだ。

都市は人間居住の中心であると同時に，経済活動の中心でもある。膨大な資源やエネルギーが都市にもち込まれ，消費され，その対価としてさまざまなサービスが生み出されている。しかし，都市で生まれたサービスが私たちの暮らしをどれだけ豊かにしているとしても，都市が地球に対してもたらしている負の影響を看過することはできない。陸地のほんの一部を占めるにすぎない都市において，人間は全エネルギーの約70%を消費し，膨大な二酸化炭素や廃棄物を排出することで，地球環境を劣化させている。こうした背景のもと，目標11「住み続けられるまちづくり」は，SDGsの推進上欠くことのできない目標の1つに掲げられるようになった。

人間居住の中心である都市は，果たして，人類がSDGsに則って持続可能な社会を構想し実現していくうえで，ふさわしい場所といえるだろうか。近年，現代人が日常生活で自然と触れ合わなくなっている現象，「経験の消失」が危惧されている（曽我ら，2016）。経験の消失とは，自然とのかかわりを失った都市住民が，自然環境に対する保全意識を失ってしまう可能性があることをさす。さらに，社会全体として自然を守る意識が失われると，まちづくりにおける自然環境への配慮も失われ，次世代の都市生活がより一層自然環境と隔絶されたものになるという連鎖が発生してしまうだろう。この負のスパイラルを断ち切り，持続可能な社会を形成する責任が，SDGsを推進する私たちに課せられた使命ではないだろうか。

目標11を達成するために，経済活動を担う企業が果たす役割は何だろうか。企業におけるSDGsの取り組みは，しばしば従来型のCSR事業のような社会貢献の延長とされ，企業の経済活動が社会や環境にかけてきた負荷を別の事業によって相殺することに主眼がおかれているように見受けられる。しかし，

SDGs はそうした発想のもとで取り組まれるべきものではないだろう。SDGs は決して，社会や環境にマイナスをもたらす活動を温存しつつ取り組むものではなく，企業の経済活動そのものが，社会と環境の両面からも持続可能なものに改革することが問われているはずだ。

　住民も企業も，目標 11 を達成するためには，SDGs の D，すなわち「Development（開発）」のあり方を抜本的に見直す必要があるのではないだろうか。本章はこのような問題意識のもと，現在までの主要な取り組みを振り返りつつ，今後のまちづくりを考えるうえで重要な「Development（開発）」の概念を考えてみたい。

② これまでの「住み続けられるまちづくり」

　「住み続けられるまちづくり」にいかに取り組むかは，まちづくりにたずさわる人々が長らく考えてきた命題である。時代ごとの社会体制の変化に伴い，これまで人間はさまざまな都市問題に直面し，その度に，住み続けられるまちづくりの主題も変化してきた。たとえば，産業革命期のヨーロッパに目を向けると，急速な都市への人口集中と，働く場所と住む場所が近接した職住一体型の都市形成が進んだ結果，煤煙のなか過密に居住する劣悪な衛生環境が都市住民の生命を脅かす深刻な問題となった。この時代の都市計画にとっての「住み続けられるまちづくり」は，良質な衛生環境をもつ都市をつくることであり，衛生的な水を住民に供給するための下水道の敷設や，労働者を狭小な住宅から解放し新鮮な空気を吸う場所を与える公園整備が進められた。高度経済成長期の日本では，都市人口が急激に増加したため，住宅や交通網をはじめとした生活や産業の基盤となるインフラストラクチャー（以下，インフラ）の整備が追いつかず，社会問題となった。また，都市内は急速に過密化する一方，都市のすぐ外側である郊外エリアは農地が虫食い状に宅地化され，無秩序な市街地が形成されるスプロール化が起こった。人口増加・経済発展時代の日本にとっての「住み続けられるまちづくり」の課題は，いかに計画的に多くの人々の居住地を供給できるかであり，その解決に向けて，公共交通を前提とした郊外住宅市

街地の開発や，オフィスワーカーが通勤する都心業務地区の開発が広がった。このように，まちづくりはその時代ごとに，人々の生活基盤を脅かす社会課題に迅速に対応してきた。

　そして今，私たちが生きる現代のまちづくりにおいては，気候変動への適応，生物多様性への配慮といった，地球環境全体との望ましい関係を築く都市をめざす潮流が世界各国で現れている。しかし，すでに成熟した社会に生きる私たちにとっての「住み続けられるまちづくり」は，何もない更地で0から始めるような状況ではない。求められるのは，これまで先人たちによって積み上げられてきた都市の理念・仕組みを理解し，これからの時代に適応した都市に近づけることであろう。とくに日本は，世界に先駆けて人口減少時代に突入し，かつ，人口増加時代に構築された社会システムが依然として都市の基盤となっていることから，いち早く新しい概念に基づく「住み続けられるまちづくり」に取り組む必要がある。そこで以下では，人口増加時代のまちづくりの考え方に焦点を当て，現在の社会にどのような課題を積み残したかをみていこう。

(1) 人口増加時代のまちづくり

　20世紀の日本は，ほかの先進諸国と同様に，人口が急激に増加した。国勢調査によれば1920年に約5600万人，1980年に約1億1700万人と，60年間でほぼ倍増。都市部での人口増加率はさらに高く，東京では，1950年に約630万人，1970年に約1140万人と，わずか20年間でほぼ倍増している。

　このような急速な人口増加に対して「住み続けられるまちづくり」を取り組むうえでは，社会システムの整備が先決であった。日本では，1919年に都市計画法が施行され，「交通，衛生，保安，経済等に関し永久に公安の安寧を維持し又は福利を増進する為の重要施設の計画」をすることとなった。この理念はおおむね現行の都市計画法に引き継がれている。この社会システムを中心に据えることで，都市の秩序を保ち，都市住民の福利増進が図られてきた。都市計画法の施行から約100年間，その大半は人口増加時代であったことからも，都市計画の主題が，増加する都市住民に対するインフラの的確かつ迅速な供給

だったことは想像に難くない。その結果，住宅地の開発，道路や公園などの都市施設の整備，交通ネットワークの拡充などが，合理的に進められた。

　当時の合理性に基づく住宅地の開発の一例として，「近隣住区論」と呼ばれる理論がある。1924年にアメリカの都市プランナーであるC.ペリーが提唱した「近隣住区論」は，幹線道路に囲まれた小学校区を1つの住区として設定し，そのなかに，小学校，商店街，公共施設，オープンスペースおよび住宅を配置するモデルである。実際に世界中の郊外住宅地がこのコンセプトに則って建設され，日本においても，国内最大級の郊外住宅地の1つである千里ニュータウンに近隣住区論のコンセプトが強く反映されている。

(2) 人口増加時代のまちづくりがかかえる問題

　しかし，従来型のまちづくりは現代にいくつかの課題を残した。1つは，道路や河川，上下水道といった都市生活に不可欠なインフラの老朽化である。インフラは，人口が急増した戦後復興期から高度経済成長期にかけて集中的に建設された。そのため国土交通省が2014年に発表した試算によると，今後急速に，耐用年数の目安である建設後50年以上が経過するインフラの割合が高くなることを示している。インフラ更新の必要性が一気に高まれば，全国で大規模な投資をせざるをえない。しかし，人口減少時代に突入した日本においては，現在よりも少ない人口のもとで，今までどおりの量のインフラを維持，更新することはきわめて困難である。加えて，そもそも自然災害リスクが高く，気候変動などに伴ってリスクが更に増大する見通しのなかで，持続可能なインフラのマネジメントをどう考えるかは，「Development（開発）」のあり方の抜本的な見直しなくして解くことができない。

　もう1つは，合理的な開発が都市の魅力を損なってしまうという指摘である。アメリカの著名な都市ジャーナリストであるJ.ジェイコブズは，近隣住区論に代表されるまちづくりの概念を，「規定を作り，機械化し，個性をなくそうというスローガン」であると批判した。住区のあるべき姿について「あらゆる種類の人間をひきつける機会をもっていること，その機会の使い方と選択が極

めて自由であるということ」と述べ，都市がもたらす多様性が重要であると説いた。彼女は，都市が備えるべき４つの条件として，第一に地区は２つ以上の機能を果たすこと，第二にブロックが短いこと，第三に建てられた年代と状態の違った建物が混ざり合っていること，第四に人々が十分に密集していることを指摘している。ジェイコブズの近代都市計画への批判と提案は，合理性を優先させた「Development（開発）」の対極にあるものとして，長きにわたり都市計画分野において参照されつづけている。

---

③ 現在進行中の住み続けられるまちづくり

　合理性を重視した従来型のまちづくりへの批評に応え，新しい「Development（開発）」のあり方に基づくまちづくりが取り組まれつつある。ここでは，上述したインフラと都市計画の問題に対応し，国際的に推進されている「グリーンインフラ」と「ウォーカブルシティ」の取り組みを紹介する。

(1) グリーンインフラ（Green Infrastructure）

　グリーンインフラとは，多面的な恵みを与えるみどりをまちづくりに活かすという考え方である。先駆的に取り組みが進む欧州では，「水質浄化，大気質，レクリエーションと気候変動緩和と適応のための広範な生態系サービスを提供するように設計され，管理されている自然環境や半自然環境の戦略的計画ネットワーク」としてグリーンインフラが定義され，日本においては「社会資本整備や土地利用等のハード・ソフト両面において，自然環境が有する多様な機能（生物の生息の場の提供，良好な景観形成，気温上昇の抑制等）を活用し，持続可能で魅力ある国土づくりや地域づくりを進めるもの」とされている。

　グリーンインフラの取り組みはいまだ萌芽期にあり，定義は１つに定まっていない。ただし，グリーンインフラを公園や水辺空間と同じものとらえ，単にそれらを整備するだけでは，既存の「Development（開発）」の考え方と，本質的には変わらないものとなってしまう。グレーインフラ（鉄やコンクリートなどの人工構造物でできたインフラ）を含むまちづくりの全般に，「みどり」の発想

をどれだけ含めることができるか。これこそがグリーンインフラが概念として
めざさなければならない到達点だろう。

　そこで，まちづくりを「モノ（材料・構成要素・技術）」と「カタ（考え方・発
想）」の組み合わせとして整理し，モノ・カタのそれぞれに「グレー」と「み
どり」がどう組み合わさるかをパターン化することで，グリーンインフラの概
念を紐解いてみよう（図5-1）。モノとは，材料や構成要素，技術のことをさし，
グレーモノであれば鉄やコンクリート，みどりモノであれば植物などが当ては
まる。次にカタとは，考え方や発想をさす。グレーカタは堅牢性，効率性，明
瞭性を重視する考え方，他方みどりカタは，可変性，冗長性，柔軟性を重視す
る考え方である。

　グレーモノとグレーカタの組み合わせは，いわゆる従来型のインフラである。
効率性を重視しつつできるだけ堅牢につくるが，耐用年数を迎えたら更新する
のが一般的である。これに対して，グリーンインフラは，モノとカタへの「み
どり」の組み合わせ方によって3レベルに分類される。みどりモノとみどりカ

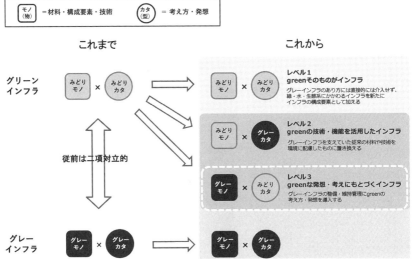

図5-1　これからの「グレー」と「グリーン」の関係
出所：三菱地所設計・横張真作成

タの組み合わせがレベル1のグリーンインフラである。公園や水辺を増やす，生物多様性に配慮するといった，みどりそのものをインフラとしてとらえる取り組みである。この取り組み自体はとても重要だが，「Development（開発）」の概念は従来型のまちづくりの延長線上にある。レベル2は，みどりモノとグレーカタの組み合わせである。たとえば，都市再開発に際して敷地を建築物で埋め尽くすのではなく，緑豊かな空間を整備するといった事例が該当する。都市再開発という従来型のまちづくりの発想としてのグレーカタに，緑豊かな空間というみどりモノを組み合わせようとするものである。こうしたプロジェクトは近年増えつつあり，海外においてはイタリア・ミラノ市の垂直の森やオーストラリア・シドニー市のワン・セントラル・パーク，日本においては福岡市のアクロス福岡や東京都千代田区の大手町の森などが代表的な事例であろう（事例1）。最後が，グレーモノにみどりカタを組み合わせたレベル3である。これは，従来型のインフラを整備，管理，活用する過程において，みどりの発想・考え方を導入することで，「Development（開発）」の概念をグリーンに刷新しようとするものである。これに該当する事例は世界的にもまだそれほど多くはない。そのなかで，アメリカ・ポートランド市のセントラル・シティ・プランや札幌市におけるまちづくりセンターの地域自主運営はその先駆的な例と言えるだろう（事例2）。これらの取り組みは，地域にまちづくり主体が存在している場合や，地域内の合意形成が進んでいる場合に限り，空地の活用や公共施設の運営を住民組織に委託するという動的な枠組みを採用している。従来型の効率的で堅牢なまちづくりとは異なり，可変的かつ柔軟な発想に基づくまちづくりといえる。

■事例1：大手町の森：超高層ビル開発が都市に自然を取り戻させる

　大手町の森は，東京都千代田区大手町のオフィス街に位置する約200mの超高層ビル「大手町タワー」の足元にある。超高層ビルの再開発は，基準より大規模な建築物を建てることになるため，相応の公共への貢献が求められている。この森は「都市を再生しながら自然を再生する」というコンセプトのもと，超高層ビルの建設に伴う公共への貢献として整備された。敷地全体の3分の1に相当する

東京都千代田区の大手町の森

3600㎡の自然豊かな空間で，ほぼ全域が人工地盤の上に整備されている（写真）。都市に生息する生き物のための生態系ネットワークの一部となっており，竣工した2014年から植物，鳥類，昆虫の生物多様性が段々と高まっているという。さらに大手町の森は，木陰をつくり，樹木からの蒸散作用や土壌の保水作用が発揮されることで，クールスポットになっている。大手町の森は，ユニークなプロセスで施工されている。まず設計に先立ち，皇居二の丸の緑，武蔵野の雑木林，野川公園の自然林などをモデルに，本物の自然の森がもつ構造特性を知るための詳細な調査が行われた。そこから本物の森がもつ要素を「疎密（さまざまな起伏に樹木が密集・点在していること）」「異齢（さまざまな樹齢の木があり，常に入れ替わっていること）」「混合（常緑樹・落葉樹・地被類などさまざまな種類が混ざっていること）」という3つに整理し，設計にいかしている。整備では「プレフォレスト」と呼ばれる植栽手法が用いている。千葉県君津市の山林1300㎡に，大手町にある計画地と同じ土の起伏，樹木の密度や種類が再現され，植物の生育状況や望ましい管理方法を3年にわたり検証した。そして千葉県で3年育成した樹木や地被類を，そのまま大手町に移植したのである。

　大手町の森を，上述の「グレーカタ」と「みどりモノ」の組み合わせとして説明する。まずこの再開発事業は，超高層ビルの建設という従来型の開発手法のひとつであり，グレーインフラの考え方がベースになっている。しかし，その足元をよくある無機質なビルのエントランスにしてしまうのではなく，みどりの材料を用いることで，都心における生物多様性の向上や暑熱環境の緩和を実現している。大手町の森は，極めて洗練されたみどりの技術を用いることで，その多面的な機能を都市環境の改善に活かした事例と理解することができる。

■事例２：札幌市まちづくりセンターの地域自主運営：地域の主体性によってまちづくりが発展する

　札幌市では2004年に，市内87カ所に設置されていた行政の出先機関である連絡所を，まちづくりへの住民参加の促進を目的として「まちづくりセンター（以下，まちセン）」に名称を変更した。まちセンでは，職員が地元町内会やNPO，商店街，学校などと連携しながらまちづくり活動を実施している。さらに2008年には，まちセンを地域住民によって自主運営し，地域ごとの課題発掘と課題解決を住民自らが取り組む事業が始まった。このまちセンの地域自主運営は，地域で合意形成ができた場合に実施することができるというもので，2020年6月現在，市内8カ所のまちセンで実施されている。

　まちセンを地域で自主運営するためには，地域での合意形成ののち，活動ビジョンを策定する必要がある。このビジョンに基づくまちづくり活動に対し，市からの交付金が支給される。地域自主運営を実施している地域をみると，自主運営化前と比べて，活動場所が特定の場所に限定されず，駅前広場や公園，文化施設など広域的に展開しやすく，活動の数や活動組織の数が増加する傾向にある（図）。

　まちセンの地域自主運営を，上述の「グレーモノ」と「みどりカタ」の組み合わせとして説明する。従来型の行政の出先機関は，まさにグレーモノである。その運営を地域に委ねるという発想は，行政による画一的な運営からの転換であり，まちづくりを素早く的確に取り組むことを可能とする。さらに，合意形成できた地域でのみ実施するという点からも，この仕組みは柔軟であるといえよう。ただし，地域自主運営にも課題がある。たとえば，地域内の担い手の世代交代などにより持続性が担保されない点である。それでも，みどりカタに準拠して持続性を評価するならば，地域活動の持続性を組織そのもの長寿命化ととらえるのではなく，理念や空間整備，人と人との関係性などが部分的にでも引き継がれることを持続性ととらえるべきだろう。

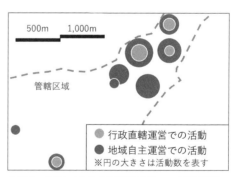

札幌市 I 地区での自主運営化前後での活動範囲・活動数の変化

出所：吉村務氏の提供資料をもとに山崎嵩拓作成

(2) ウォーカブルシティ（Walkable City）

　ウォーカブルシティとは，居心地がよく歩きたくなるまちのことである。従来型の自動車を優先させたインフラ整備や，画一的な住区の形成への反省から，自転車や歩行者目線でパブリックスペースを整備・活用することで，滞在や交流のしやすい快適なまちに生まれ変わらせることを趣旨としている。このコンセプトに基づく取り組みが世界各都市で進んでいる。日本においては，2019年に国土交通省が主宰する「都市の多様性とイノベーションの創出に関する懇談会」において，これからのまちづくりの方向性として，ウォーカブル（Walkable：歩きたくなる），アイレベル（Eyelevel：街に開かれた1階），ダイバーシティ（Diversity：多様な人の多様な用途や使い方），オープン（Open：開かれた空間が心地よい）が掲げられた。2021年7月現在，日本全国300以上の自治体がこの4つの取り組みを自治体政策に取り入れる「ウォーカブル推進都市」を宣言している。

　新型コロナウイルス感染症のパンデミックは，ウォーカブルシティ政策をより強力に推し進めることとなった。人と人との接触を避けるために遠出を控える暮らしが定着し，その結果として，自宅の近隣の魅力や快適性が再認識されたためである。近隣をよりウォーカビリティの高いまちへとつくり替えるために，たとえばフランス・パリ市では「15分のまち」というコンセプトが発表されている。これは「徒歩または自転車で15分圏内に生活に必要なものがある」という都市構造を意味し，ウォーカブルシティのコンセプトを具体化したものである（事例3）。ほかにも，オーストラリア・メルボルン市は「20分ネイバーフッド」を，アメリカ・ポートランド市は「20分生活圏」を提唱しており，ウォーカビリティからまちづくりを構想する動きは世界各地に波及している。パンデミック以前は，環境負荷の低減や自動車中心社会がもたらす格差の解消といった側面から提唱されていたこのコンセプトが，近隣の魅力や快適性を向上させるための構想として見直されたのである。

■事例3：パリ市15分のまち：パンデミックを契機に普及した新たなまちづくりの概念

　パリ市では，自動車のかわりに，自転車や歩行者に優しいまちづくりをいち早く実践している。この施策の背景にあるのが「15分のまち」という構想である。このコンセプトの提唱者であるスマートシティ研究者のカルロス・モレノは，「15分のまち」のコンセプトを推進するために，社会的機能と交通の両側面から都市の改善に着手する必要があると述べている。質の高い都市生活を維持する上では，6つの社会的機能「①生活，②仕事，③商業，④医療，⑤教育，⑥娯楽」を保障する必要があることを指摘する。交通については，これまでの自動車中心の交通システムを再考し，より自転車や徒歩で移動しやすいまちづくりの重要性を示し，シェアバイクの普及などに取り組む必要性を示している。

　ウォーカブルシティのコンセプトに基づく取り組みが促進され，近隣の都市機能が拡充されることの最大の価値は，自動車をもてない人々が利便施設に容易にアクセスできないという自動車依存型社会の不平等の是正につながる点ととらえられてきた。そして，新型コロナウイルス感染症のパンデミック以降では，ウォーカビリティの向上が，近隣に結束や交流をもたらすというかけがえのない価値を高めることにつながる気づきを得た。人間にとって精神的・社会的健康は身体的健康の基盤である。15分のまちは，都市生活者が欠くことのできないさまざまな利益をもたらすものといえるだろう。

　では，実際のまちづくりに「15分のまち」のコンセプトを当てはめる場合を考えてみたい。1人の住民にとって必要な施設・エネルギー資源を厳密な徒歩・自転車圏内ですべて調達するということが果たして可能なのだろうか。たとえば体に不自由のない若年層や中年層であれば15分でかなり遠くまで移動することができるだろうが，子ども連れや高齢層，また身体に障害のある人の場合，同じ15分でも移動の距離はずいぶんと短そうである。また，15分圏内に日用品を買うスーパーや一休みできるみどりのある小さな公園などを確保していくことは徐々に実現できそうだが，食料や電力といった生活に不可欠な資源を15分圏内で自給する目標の実現はかなりハードルが高い。このように考えると，「15分のまち」がさし示す圏域とは，従来のように一本の線で描ける固定的なものではないことがみえてくる。この圏域はむしろ，対象とする人や物によって臨機応変に変わる，きわめて曖昧なものとして理解するべきだろう。

さらに注目すべきは，地域住民一人ひとりの自宅を起点とするこのコンセプトが，まちの「Development（開発）」を担うまちづくりの新たな主体にスポットを当てる装置として機能しうる点である。これまでの行政による確定的な境界線から，住宅を中心に据えた境界線の設定への変更は，言い換えれば，「Development（開発）」の主体が行政から住民に移っていく考え方を象徴しているととらえるべきである。もしこの解釈が定着すれば，ウォーカブルシティの理念の広がりによって，地域住民それぞれが自宅周辺のまちづくりを自分ごととしてとらえ，課題発掘と課題解決を通じて，その地域を自ら住み続けられるまちへと変えていく動きを加速させるだろう。それと同時に，行政は今後，地域住民がおのずとまちづくりの主体として育っていくよう，地域住民が頼れる身近な専門家・協働者としての新たな役割を果たすことが必須になると考えられる。この両者が互いに働きかけることこそ，「住み続けられるまちづくり」の実現に向けて重要であることを，ウォーカブルシティの概念が私たちに示してくれている。

4 | 住み続けられるまちづくりのための教育

　ここまで，現在進行中の「住み続けられるまちづくり」の概念や関連する事例をその背景とともに紹介してきた。強調すべきは，このようなまちづくりが行政任せで自然と進んでいくものではなく，地域住民の主体性なくして成立しえないという点である。そして，まちづくりを担う人材の主体性を育てるという観点で，まちづくり教育は今まで以上に重要なものになっていくだろう。まちづくりの実践は，必ず特定の地域に根差すものであり，まちづくりの実践者は，その地域の人物，植物，建築物などさまざまな要素を注意深く観察し，リスクとポテンシャルを理解したうえで，その地域固有の問題解決に資する提案と実践ができる人物でなければならない。その力を養うためには，実際のまちづくりの現場にふれ，専門的な分析やデザインの過程を体験することが効果的だ。そして近年，まちづくりにおける若い世代が担う役割への期待から，学校教育の現場も転換点を迎えている。この節では，高等教育における地理総合必

修化という転換を中心に据えて，地域住民の主体的なまちづくりを加速させるために，どのような教育の現場が望ましいかを示したい。

「持続可能な社会づくり」に資する高等学校教育への転換という命題のもと，日本では2022年度から，高等学校教育で地理総合が必修化され，課題発掘から課題解決の提案まで生徒自らが行う「生活圏の調査と地域の展望」がカリキュラムに含まれている。つまり，まちづくりのプロセスを体験する機会が与えられるようになるのである。真にこれが遂行されれば，将来の日本が地域住民の主体性によって住み続けられるまちに生まれ変わっていくことを期待してもよいはずだ。

しかし，変化を迎える教育の現場からはいくつかの課題が指摘されている。1つの課題は，地理を専門とする教員の不足である。社会科教員免許（地理歴史）は，その制度上，地理または歴史のいずれかの専門教育を受けたものが，地理および歴史の両科目を担当できる仕組みとなっている。2021年度まで，社会科では世界史が必修科目であったために，地理歴史担当の教員採用時には，歴史を専門とする教員が多く採用される傾向にあった（相原，2017）。そのため地理総合の必修化後は，多くの高等学校で当面の間は専門教員が不在のなかでまちづくり教育を実施することになる。

もう1つの課題は，2021年度まで選択授業として実施されている地理Aにおいて，「生活圏の調査と地域の展望」がカリキュラムに含まれているが，実際に授業で実施している高等学校は現状それほど多くない点である。教室での資料を用いた情報の読み取り・比較の学習活動に比べ，教室を出て学生の自主性に任せたフィールドワーク（野外調査）や体験の学習活動は実施率がとても低いことが報告されている（国立教育政策研究所，2015）。

住み続けられるまちづくりにとって実りあるカリキュラムとするために，まちづくりの実践や大学でのまちづくり教育にたずさわる筆者らの視点から，今後のステップと指針を提示したい。具体的には，地理総合の「生活圏の調査と地域の展望」で想定されている「準備」「現地調査」「分析・発表」のプロセスに沿って（『高等学校新地理総合』帝国書院），関連するまちづくり分野の理論や

重要人物の発言を参照し，まちづくり教育へのヒントを示していきたい。

(1) 生活圏の調査と地域の展望：準備

イギリスの生物学者で都市計画家であった P. ゲデスは，まちづくりを実践するうえで，まずは地域を調査することが重要だと指摘した。彼はまちづくり教育について，「一般的な原則に基づいて容易に断定されるものではないこと，ある場所で学ばれ他の場所で真似られるような単純なものではないことを教えている」と述べている。また調査は「単に経済的社会的な資料の記録を作成するのではなく，社会的個性を引き出すようにしなければならない」と指摘している。日本の各地には，地域ごとに際立った個性がある。その個性を引き出すような調査のための準備が大切である。

第1ステップは準備である。準備は主に，問いの設定，事前調査，仮説の設定からなる。まちづくりの初学者にとって容易ではないが，地域の個性をとらえ，地理的な仮説につなげることが望ましい。そのためには，個性の発見につながる事前調査が欠かせない。具体的には，地形や自然条件，交通手段，産業，歴史，最近のまちづくりの実施状況といった項目を調べることが有効である。

事前調査でわかったことは，地図上で整理することが効果的である。たとえば，事前に高校生が関心をもちそうな新聞記事を収集し，授業時間で地図上にプロットしたり，線で図ったりすることを通じ，自分たちの地域がかかえている問題について議論する。あるいは，生徒自身が地図をもって家族などへの聞き取りを実施し，他者の視点から地域の問題に目を向ける。ほかにも，スポーツへの関心が高い生徒が多ければ，スタジアム建設やスタジアム移転に関するニュースを収集し，それをもとに自分たちが暮らす地域のことを考えはじめるといった方法が考えられる。

(2) 生活圏の調査と地域の展望：現地調査

まちづくりのプロセスで何よりも欠かせないことが，現地をしっかりと見て回ることである。先述の都市ジャーナリストの J. ジェイコブズは，彼女の著

書の冒頭で「我々の周りにあるすべてがこの本の挿絵である。挿図の代わりに現実の都市をよく見てほしい。見ている間に，あなたはまた，聞き，ぶらつき，そしてみているものについて考えるだろう」と記している。課題の原因を考察したり，まちづくりの方法を提案したりするうえで，現地をよく観察することが何よりも優先されるべきであろう。

　第2ステップは現地調査の実施である。生徒自身が地域の空間を歩き回り，よく観察し，そこから課題を発掘することが重要である。漫然と眺めていても気づきを得ることはむずかしいが，事前に準備をしておくことで気づきを得やすくなる。また，現地調査中には，スマートフォンアプリなどを使って，古地図と今の街並みを現地で見比べるといった方法も有効である。あるいは，じっくりと観察するためにスケッチを描く手法も有効である。自分たちだけで課題を発掘することがむずかしい場合，地域に長年住んでいる人，地域史を調べている人へのインタビューや，ともにまちあるきを実施するなどの方法も効果的である。何か気づきを得ることができれば，自ずと現地調査は楽しいものになるだろう。

(3) 生活圏の調査と地域の展望：分析と発表

　最終ステップが分析と発表である。分析の過程では，ここまでの事前準備や現地調査で集めた情報や写真，絵から，仮説の検証やまちづくりのアイデアを考案していく。実際のまちづくりの現場では，分析に地理情報システム（GIS）を利用することが多い。GISには，道路や学校のようなインフラや，森林や地形など自然環境などを点や面で表示する機能や，地域ごとの人口や気温などの数値情報を色などで可視化する機能がある。地理総合の教科書でも，分析の一例としてWeb GISの活用方法が紹介されているが，一方でGIS技術の習得には時間を要するため導入しづらいという現場の感覚もあるだろう。あくまでGISは「ある地域のさまざまな地理的情報を重ね，眺め，それをもとに他者と意見を交わす」ステップを手助けするツールにすぎないので，模造紙などを用いて同じ分析を行うことは十分可能であることを強調しておきたい。まちづく

りにおいては，地図を基本として，そこにイメージ写真やイラストを加えることで，他者と考えを共有したり，発展させたりすることが非常に重要なステップである。

　分析をふまえて，最後に調査の結果を発表する。発表にはできるだけ地図と写真を用いて，多くの人が議論に参加できるよう心がける。そして可能であれば，インタビューやまちあるきに協力してくれた地域の人，まちに暮らしている他教科の先生に発表を聞いてもらうとよいだろう。もしかすると，その発表がきっかけとなり，新たなまちづくり活動が始まるかもしれない。

⑤　住み続けられるまちづくりとは

　冒頭で，SDGs の「Development（開発）」のあり方を見直す必要があると述べた。また，従来のまちづくりでは合理性が重視されていたのに対して，現在進行中の住み続けられるまちづくりは，素早さや曖昧さが特徴となっていることを紹介した。本章の最後に，「Development（開発）」の新たな考え方を，生態系の特徴から読み取ることで，今後の住み続けられるまちづくりのあり方を提示したい。

　生態系には将来の設計図や達成目標は存在しない。さまざまな生物が互いの関係性や環境との関係のなかでバランスを取り，仮にその系を乱す出来事が起こると，すぐさまそれに応じて関係が組み換えられ，新たなバランスが生まれる。そうした絶妙なバランスが，その時々の状況に応じて繰り返されているのが生態系といえる。そういった生態系の仕組みをいかにして取り入れるか。それこそが SDGs において，「Development（開発）」の新たな考え方に基づき住み続けられるまちづくりに取り組む肝といえるだろう。

　具体的には，生態系の特徴として次の３点に注目したい。１つ目は「アジリティ（Agility：機敏さ，素早さ）」で，状況に対して機敏に変化する，適応することを意味する。２つ目は「リダンダンシー（Redundancy：冗長性，余剰性）」で，生態系のなかで同じような役割・立場にある種が複数存在していることを示す。３つ目は「ファジーネス（Fuzziness：不明瞭さ，曖昧さ）」で，境界が曖昧でい

ろいろなものが連続的であることである。SDGs の発想でまちづくりや都市計画を展開していくときに、この3つがキーワードになると考えている。

　合理性を重視するこれまでの都市計画は、まず長期的な目標を固定し、その達成に向けて必要な施設の整備と建築行為のコントロールを行うセオリーに基づいていた。たとえば従来型のインフラの場合、できるだけ長寿命で設計し、耐用年数がきたら更新することを繰り返すという具合である。しかし、私たちが生きる現代は、甚大な影響を及ぼしうる災害や経済の不安定化、そして世界規模の感染症の蔓延など、予測できないリスクを数多くかかえている。2019年の世界経済フォーラムの発表によれば、感染症の蔓延は、考えられるさまざまなリスクのなかで、発生確率および影響度の大きさどちらの観点からいっても、リスクとして中程度と予測されていた。気候変動や生態系の喪失など、さらに高い発生確率で、負の影響が大きいと予測されるリスクが数多く存在するのである。すなわち、安定基盤のなかでまちづくりに取り組むという選択肢はなく、不安定な基盤のうえに社会が成立しているという前提でまちづくりを考え直す必要がある。このような背景から、「Development（開発）」の概念を刷新、社会の変化に際し現状を見極めて、より柔軟に、その時々の情勢に応じ、都市全体のバランスをみながらつくり変え、適応させていくことのできるシステムが求められている。

　アジリティ、リダンダンシー、ファジーネスを備えたこのシステムを構築し、正しく機能させていくためには、社会の変化に機敏に反応し、必要な役割を担ってくれる地域住民の主体性を醸成するための教育が、きわめて重要となるだろう。日本では地理総合の必修化により、ほぼすべての若者にまちづくりのプロセスを体験する機会が与えられることになる。この追い風をうまく生かしながら、将来の住民主体性を高め、ひいては、新しい概念に基づく住み続けられるまちづくりが全国各地で実践されていくことを期待したい。

　最後に、住み続けられるまちづくりには、重要な論点が多数存在する。本章で紹介した取り組みはその一部にすぎないが、いかなるまちづくりにおいても、真の意味でSDGsを達成するためには、「Development（開発）」の考え方を刷

新すべきであると考えている。誰一人取り残さないために。

謝辞：本原稿の執筆にあたって，吉村務氏，加納隆徳氏から資料や情報の提供を受けました。ここに御礼申し上げます。

引用・参考文献

相原正義 (2017)「『高等学校必修地理総合』決定と地理教育の状況」『法政地理』49,79-88 頁

蕪木伸一 (2016)「新しい樹とまちの共生の場—大手町の森」『Consultant　特集：まちと樹の共生』273 号，建設コンサルタンツ協会，26-29 頁

クラレンス・ペリー (1924)，『近隣住区論』鹿島出版会

国際連合「世界都市人口予測・2018 年改訂版」https://www.jircas.go.jp/ja/program/program_d/blog/20180523（2021 年 5 月 24 日最終閲覧；以下 URL 同じ）

国土交通省 (2014)『国土交通省インフラ長寿命化計画』

国土交通省 (2017)『グリーンインフラ ストラクチャー—人と自然環境のより良い関係を目指して』https://www.mlit.go.jp/common/001179745.pdf

国土交通省『社会資本の老朽化の現状と将来』https://www.mlit.go.jp/sogoseisaku/maintenance/02research/02_01.html

国立教育政策研究所『高等学校学習指導要領実施状況調査　教科・科目等別分析と改善点（高等学校　地理歴史科　地理 A)』https://www.nier.go.jp/kaihatsu/shido_h27/h27/04h27bunseki_chiriA.pdf

札幌市『まちづくりセンターの自主運営化』https://www.city.sapporo.jp/shimin/jichi/gugenka/jisyu/top.html

ジェイン・ジェイコブズ (1961)『アメリカ大都市の死と生』鹿島出版会

曽我昌史・今井葉子・土屋一彬 (2016)「『経験の消失』時代における自然環境保全：人と自然との関係を問い直す」『ワイルドライフ・フォーラム』20 巻 2 号，24-27 頁

パトリック・ゲデス／西村一朗訳 (2015)『進化する都市—都市計画運動と市政学への入門』鹿島出版会

Moreno, C.・Allam, Z.・Chabaud, D.・Gall, C. & Pratlong, F., Introducing the "15-Minute City": Sustainability, Resilience and Place Identity in Future Post-Pandemic Cities. *Smart Cities 2021, 4,* 93-111.

World Economic Forum (2019) *The Global Risks Report 2019 14th Edition.* 114

実 践　市民共創のモビリティ・マネジメント施策
―とやまレールライフ・プロジェクトの取り組み―

1 取り組みの背景

　富山市は，人口41万8000人（平成27年国勢調査）で富山湾から3000メートル級の北アルプス立山連峰にいたるまでの多様な地形を誇る，水と緑に恵まれた自然豊かな都市である。また，「くすりのまち」として全国にその名が知られ，薬業やアルミ産業をはじめとする，日本海側有数の中核都市として発展を続けている。

　近年，急速な少子・高齢化の進展や本格的な人口減少，温室効果ガス排出量の増大など，都市をとりまく諸課題への対応が求められている。とくに，モビリティ面については，富山県の一世帯当たりの自動車保有台数は全国第2位であり，

都市の理想を、富山から。

SDGs未来都市
TOYAMA

1999年に実施したパーソントリップ調査によれば，自動車の交通分担率は，全目的で72.2％となっており，全国の中核都市圏のなかでもとくに高い数字となっている。

　いっぽうで，富山市が実施した15歳以上の市民を対象としたアンケート調査によると，市民の約3割が自由に使える車がないと回答している。その内訳は，女性が約8割で，60代以上の高齢者が約7割を占めている。

　SDGs目標11.2では，脆弱な立場にある人々のニーズに配慮して，持続可能な輸送システムへのアクセス提供がうたわれている。とくに，高齢者や子どもなど，車を持たない人にとって移動手段にバスや鉄道といった公共交通機関は欠かせず，公共交通をいかに維持・確保するかが，持続可能なまちづくりを考えるうえで，重要な視点となっている。

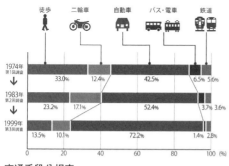

交通手段分担率
出所：富山高岡広域都市圏パーソントリップ第1〜3回調査

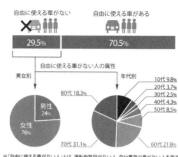

車を自由に使えない人の実態
出所：平成18年富山市の公共交通に関する意識調査

本市では，さまざまな都市機能が公共交通沿線に充実・集積した「拠点集中型のコンパクトなまちづくり」を推進しており，全国初となる本格的なLRT（次世代型路面電車システム）の導入（2006年）や市内電車の環状線化（2009年）をはじめとした公共交通の活性化，その沿線地区への居住推進，さらには全天候型の多目的広場「グランドプラザ」の整備（2007年）などの中心市街地の活性化に積極的に取り組んでいる。また，2018年には内閣府の「SDGs未来都市」に選定され，将来の都市ビジョンに「コンパクトシティ戦略による持続可能な付加価値創造都市」を掲げ，まちづくりをSDGsの優先ゴールに位置づけている。

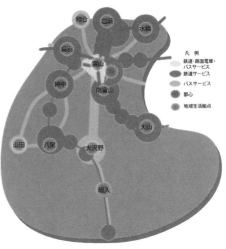

富山市がめざす「お団子と串」の都市構造

富山港線（LRT）

　このようにコンパクトなまちづくりを推進するなかで，2010年から市民へのコミュニケーションを通じて，自動車から公共交通へのモーダルシフトを促す「モビリティ・マネジメント（Mobility Management：MM）」にも取り組んできた。MMとは，「一人ひとりの移動や，まちや地域の交通の在り方を，工夫を重ねながらよりよいものに改善していく取り組み」（『モビリティ・マネジメント教育』東洋出版社）である。富山市のMM施策である「とやまレールライフ・プロジェクト」は，企業や交通事業者，市民と連携して進めてきた「市民共創」の取組である。ここでは，「とやまレールライフ・プロジェクト」の具体的な取り組みについて紹介する。

2 メディア・SNSを活用した情報発信

　「とやまレールライフ・プロジェクト」は，近年，モータリゼーションの進展に伴い，郊外へ都市の拡散が進んできたなか，市民一人ひとりが普段の暮らしにおいて交通について認識し，多様な交通手段を「かしこく」選択するためのコミュニケーション施策である。
　2010年度のプロジェクト開始時に「とやまレールライフ・プロジェクト〜かしこいクルマの使い方考えんまいけ〜」をキャッチフレーズに掲げた。公共交通等の多様

な交通手段を適度にかしこく使い分け
る生活を「レールライフ」と名付け，
車依存のライフスタイルからの転換を
促す取り組みであることを前面に打ち
出した。

KNB ラジオの番組広報ポスター（ⒸKNB／2010）

　そのうえで，メディアを活用した意
識啓発を重点的に行うこととし，藤井
聡教授（京都大学大学院）と高原兄氏
（ミュージシャン）によるラジオ番組
「高原兄のかしこいクルマの使い方考
えんまいけ」を 2010 年（9〜12 月）〜
2011 年（10〜12 月）に実施した。番組
のコンセプトは，「普段の車の使い方
を少しだけ見直して，できるだけ公共
交通を利用すると，環境にも，健康に
もよく，家計もお得である」ことをア
ピールすることとし，出演者 2 名が対
談形式により，交通データなどの動機
づけ情報を交えながら，富山のまちづ
くりや LRT の魅力を PR することで，
市民のシビックプライドの醸成にも留
意した。

Facebook による情報発信

　また，SNS による普及啓発の観点
から Facebook による発信を 2013 年
に開始した。その際に市民の「かしこいモビリティの使い方」を焦点に，公共交通を
実際に利用している市民や企業へのインタビューを実施し，市民の思いや，企業のビ
ジョンまで掘り下げ，市ホームページやケーブルテレビ，民放ラジオで紹介を行って
いる。

③ 駅・バス停沿線住民を対象としたコミュニケーション

　公共交通沿線人口が多いにもかかわらず公共交通の利用が少ない地域をピックアッ
プし，交通事業者である富山地方鉄道株式会社と連携して，特定の駅やバス停付近の
住民を対象に個別訪問を 2016 年度から実施している。このようにフェイストゥフェ
イスでコミュニケーションを図り，公共交通への関心を高めるとともに，コミュニケー
ション実施前と比較してどれだけ交通行動に変化が起きたかを科学的に検証する手法
は，「トラベル・フィードバック・プログラム（TFP）」と呼ばれる。TFP は，通常，
交通行動を変えたくなる動機づけ情報（バス・電車時刻表，マップ，割引情報など）
やアンケート，ちょっとしたプレゼント（ノベルティ）を加えて，郵送方式で各戸へ

送り，実施前後の行動変容を確認することが多い。

富山市では，住民とのコミュニケーションが高まる手法として，2016〜2018 年度までに約 1 万 1500 世帯にアンケートを配布したほか，約 900 世帯に対して戸別訪問を行い，公共交通情報を説明したところ，対象地域のバス停での交通系 IC カード利用者数が 2〜13％ 増加した。戸別訪問によるコミュニケーション手法は，住民との対話が活発に生まれやすく，日常の交通行動に対する意識醸成を図る

対象年度	アンケート配布世帯	回答世帯	戸別訪問世帯
平成28年度（中市・分田）	4,500世帯	914世帯	205世帯
平成29年度（藤ノ木循環）	4,996世帯	1,479世帯	368世帯
平成30年度（大泉駅周辺）	2,000世帯	1,032世帯	341世帯

TFP アンケート配布・戸別訪問世帯数

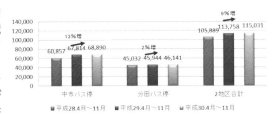

IC カード利用者数の推移

上で効果が大きい。課題としては，戸別訪問実施の際のマンパワーや事務負担が大きいことがあげられるが，一度，住民の交通行動が変化すると，公共交通を継続的に利用するなど，プラス効果も大きく，本調査でも効果が検証された。

④ 交通環境学習（のりもの語り教育）プロジェクト

富山市では，市内小学生を対象に，児童期という早い段階から公共交通（のりもの）の魅力や大切さを学ぶことで，児童に公共交通の必要性を理解してもらい，将来，環境や社会のことを考え，自発的に移動手段をかしこく選択できる意識をもってもらうための交通環境学習（のりもの語り教育）プロジェクトに 2010 年度から取り組んでいる。

本プロジェクトを実施するにあたり，まず市教育委員会，小学校教育研究会，PTA 連絡協議会など関係者と小学校社会科・総合的な学習の時間を担当する教員で構成する協議会（富山市のりもの語り教育推進協議会）を設置し，教材の洗い出しと模擬授業の実施から始めた。当初は，コンサルタントが札幌市など他都市の事例を参考に，市職員も協力して模擬授業を実施し，教員による「振り返り」で課題点をまとめた。その後，複数の小学校において，担任による授業を実施し，教材の改良を重ねた。その結果，小学校 3・4 年生社会科副読本「わたしたちの富山市」において，市内公共交通情報や，コンパクトなまちづくりの概念を盛り込んだほか，教員向け学習指導案，児童用ワークシートをセットで作成した。これらの教材は，教員が実際の授業において活用することを想定し，市教育センターのホームページでダウンロードできる環境を整備した。なお，協議会は，関係者同士の連携を図るうえでのプラットフォームの役割を担っており，定期異動に伴う市担当者の変更が生じた場合でも，これまでの協議会で共有した取り組みをもとに交通環境学習を円滑に継続することができることから，プロジェクトを実行するための欠かせない推進基盤となっている。

交通環境学習を推進するために，市内ユネスコスクールにおいて公開授業を実施し，そこで得た「気づき」を「SDGs-ESD富山シンポジウム」において児童が発表する試みも行われている。このシンポジウムは，教育委員会が事務局となり，市のまちづくり，環境部局と連携して，児童が学校や地域社会でどのようなESDを学び，実践しているかを広く発信することを目的としており，2013年度から実施している。

交通環境学習は，郊外授業との組み合わせも可能であり，公共交通沿線付近に位置する小学校においては，実際に教材を学習したあとに公共交通を利用することで，学習効果を高める工夫を行っている。また，市内の交通事業者である富山地方鉄道株式会社と連携し，低床バスを小学校まで運んできて，バスの乗り方を体験する授業（バス教室）も実施した。さらに，1学期の交通環境学習後の夏休みには，小学生と親が「おでかけきっぷ」を使って公共交通を利用した場合に，子どもの運賃を無料とする「親子でおでかけ事業」を実施している。本事業は，2019年度には黒部市，魚津市，滑川市，立山町，上市町，舟橋村の小学校にもおでかけきっぷが配布されており，近隣の自治体との広域連携が浸透している。これは，交通環境学習効果を実際の公共

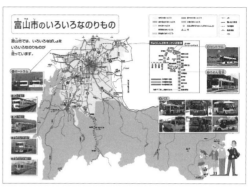

社会科副読本「わたしたちの富山市」

SDGs-ESD富山シンポジウムでの児童の発表風景

富山地鉄㈱と連携した「バス教室」

交通利用に結びつける目的があり，交通事業者にとっても，交通環境学習に協力することで，親子でのバス・鉄道ファンを増やすのみならず，SDGs の観点に立って地域貢献活動に取り組むという面で意義は大きい。

　富山市のりもの語り推進協議会は，メンバーの意見を集約し，学習教材のブラッシュアップに反映させたほか，学校への普及啓発を図るうえでも重要な役割を担っている。実際に，協議会メンバーの学校長が中心となり，ほかの学校長へ「口コミ」で交通環境学習のメリットを伝えてもらった結果，実践校は増加した。また，市担当者が小学校長会において継続的に事業の趣旨をアピールしたほか，市教育長が SDGs の観点から交通環境学習の重要性を認識し，各学校に対して授業に積極的に取り入れるよう奨励したことの影響は大きく，2019 年度は市内全小学校（66 校）で交通環境学習が実践されるようになった。

5 大学生を対象とした利用促進

　富山大学では，2013 年度から交通系 IC 機能を付加した学生証を新入生に配布するとともに，授業時間において市のコンパクトなまちづくりの出前授業を実施し，TFP アンケートや公共交通の利用啓発を実施したところ，市内電車利用者数が大幅に増加する結果となっている。また，2018 年度に都市デザイン学部が開学し，デザイン思考に基づいた地域課題の発見・解決できる人材育成をめざしており，2020 年度から全学横断 PBL（Problem Based Learning：問題解決学習）を実施する予定となっている。さらに，学生が MM の視点などを取り入れ，主体的に地域課題の解決に取り組む受け皿として，2019 年度に「とやま地域循環共生圏づくり協議会」を発足しており，人材育成やまちづくり面での産学官の連携が加速している。

　富山国際大学では，2018 年度に現代社会学部と子ども育成学部が連携し，まちづくりや公共交通の大切さなど，本市の特徴と SDGs を紐づけした児童向けツール「SDGs かるた」を開発し，ユネスコスクールである富山市立堀川小学校において実践授業を展開した。授業は学生が担当し，小学校教員は，授業のサポートや実施後の振り返りを行い，ツールの効果を大学側へフィードバックする。さらに，市の担当者は，小学校との調整やマスメディアへの告知を行うなど，関係者がそれぞれの役割を明確にするとともに，実践授業の成果をふまえ，ツールの改良や，ほかの小学校への面的展開にも取り組んでいる。

持続可能な未来を
「ともに創る」ための教育・学習

　ここまで，SDGs のなかでもとくに経済活動にかかわる「エネルギー・しごと・産業と技術・平等・まちづくり」の目標を順にみてきた。自然環境の破壊をくい止め，人々の間の格差を解消し，すべての人々が人権を尊重され，満たされた生活を送ることのできる世界をうたう SDGs だが，その実現には多くの矛盾と対立を乗り越えねばならない。最後に，そのための教育と学習の役割についていまいちど考えたい。

　本書巻頭対談では，SDGs が共通言語となり，企業や市民を含む多様な主体の間に連携や協働と学びあいが生まれ，変革につながる価値が共創される可能性が指摘された。目標 7 については，エネルギーの利用をより多くの人に保障することがさらなる環境破壊を促すという矛盾を，各地域で多様な関係者が対話しながら持続可能なエネルギーのあり方を創り上げていくことで乗り越える可能性が示された。目標 8 がはらむ，経済成長と公正な労働の対立については，多様な立場の人々の学びあいを通じ，日常のなかで両立が具体化されていくことの重要性が提起された。目標 9 については，産業化の促進が環境破壊や格差増大を引き起こすという矛盾を，人々が民主的にイノベーションを誘導する仕組みで解消する必要性が示された。目標 10 については，これまでの経済成長のあり方が不平等を前提としてきたという矛盾について，人々が実態を知り，平等とは何かを話し合い，社会的な合意を築くことの重要性が論じられた。目標 11 については，持続可能性を阻む問題の発生と影響を大きく担いながらも拡大を続けるという矛盾のもとにある「都市」について，住民が持続可能性の価値を共有しまちづくりに参画していくことの重要性が示された。

　すべての章が共通して示したのは，SDGs がかかえる矛盾や対立を乗り越え，「誰一人取り残さない」持続可能な社会と経済を実現するためには，さまざま

な立場や価値観をもつ人々と組織が学習・教育によって力を得て，対話を通じてビジョンを描き，その実現にともに参画する過程の大切さだ。以下，人々の参画と学習・教育を実現するために重要となる視点を確認していこう。

1 持続可能な社会と経済を創るのは誰か

まず，持続可能な社会と経済を創るのはだれか。それは，私たち一人ひとりを含む，すべての人々や組織である。しかしこれは，SDGsが掲げる目標をすべての人が受け入れ，従い，行動すべきであるということを意味しない。

持続可能性を実現しようとするとき，2つの方向性を考えることができる。1つは，政治家や専門家など特定の誰かが強い権威をもち，「持続可能性」のあり方を定め，他の人々や組織はそれに従う道筋だ。これを「権威が導く持続可能性」と呼ぼう。もう1つは，さまざまな人が対話を重ね価値観をすりあわせながら「持続可能性」のあり方をともに描き，それぞれの立場から実現に向けて参画する道筋だ。これを「ともに創る持続可能性」と呼ぼう。

SDGsは，その策定段階にさまざまな地域，立場，属性の人々が加わり，その理念もあらゆる人々の参画を強調するという点で，「ともに創る持続可能性」を志向している。いっぽうで，SDGsを国連や各国政府といった権威により示される「ただ1つの正解」ととらえ，人々や組織はそれに従うべきだとする考え方は，「権威が導く持続可能性」の道筋へとつながる。各章で論じられてきたのは，それぞれの目標が根ざす理念を実現するためには，関係する人々や組織が，それぞれの状況における持続可能な社会と経済のあり方を考え，実現に向けてともに創造する過程が不可欠だということだ。もちろん，政策や法律による導きは時に必要だが，そうした政策や法律は，持続可能性を創造する過程自体を支配する権威ではなく，人々がともに創る過程のなかから生みだされるものとしてとらえたい。

SDGsの目標やターゲットは，持続可能な未来への方向性を示す1つの道標ではあるが，到達点を示すものではない。到達する未来は，それぞれの地域，それぞれの状況のなかで，さまざまなかたちをとり得る。SDGsをただ受入れ

従うのではなく，その理念と内容を知り，意義と限界をわかったうえで，それを周囲に伝え，それぞれの視点を交換しあいながら，自分たちの社会を変革し，持続可能な未来を創り出す。そうした「ともに創る持続可能性」が，いま，切実に求められている。

② 「ともに創る持続可能性」を支える教育：ESD

　「ともに創る持続可能性」を支える土台となるのが，学習と教育だ。その重要性は，SDGsの目標4「すべての人に包摂的かつ公正な質の高い教育を確保し，生涯学習の機会を促進する」，ターゲット4.7「持続可能な開発のための教育及び持続可能なライフスタイル，人権，男女の平等，平和及び非暴力的文化の推進，グローバル・シチズンシップ，文化多様性と文化の持続可能な開発への貢献の理解の教育を通して，全ての学習者が，持続可能な開発を促進するために必要な知識及び技能を習得できるようにする」にも表されている。目標4は，世界人権宣言（1948年），世界人権規約（1966年），子どもの権利条約（1989年），万人のための教育宣言（1990年）などによって国際社会が繰り返し確認してきた，教育・学習を基本的な権利としてすべての人に保障する重要性を改めて強調する。同時に「国連・持続可能な開発のための教育（ESD）の10年」（2005～2014年）が推進してきた，持続可能な社会への変革を担う力を人々が得る学習と教育を，さらに確かな取り組みとしていこうとするものだ。つまり，目標4は，持続可能な未来を創る力を育むESDを，生きていくうえでの権利として，すべての人に保障することをうたう。

　ESDの実践は，4つのアプローチにわけて考えることができる（図6-1）。第一に「持続可能性についての教育」，つまり持続可能性とはどのような概念か，現状の課題や取り組みにはどのようなものがあるか，必要な知識を伝える教育である。SDGsの内容や背景を学ぶ教育もここに含まれる。第二に「持続可能性を通じた教育」，実体験を通して感じ考える教育だ。自然環境のなかに身をおいてその豊かさを味わったり，環境・社会・経済問題やそれに対する取り組みの現場で実態を肌で感じたりといった活動が含まれる。第三に「持続可能性

のための教育」, 持続可能性を実
現するために必要な力を育む教育
だ。持続可能な社会や経済の実現
を担うために, たとえば表 6-1 に
あるような価値観や力の獲得につ
ながる実践的な活動がここに含ま
れる。第四に「持続可能性として
の教育」, これは教育の営みその
ものによる持続可能性の理念の体
現を意味する。たとえば, その教
育にかかわる人々が, お互いの人
権を尊重し合い, 弱い立場にある
人を取り残さない包摂・共生の価
値に基づく関係性を築き, 教育活
動やそこで使われる物が地球環境
や生態系に与える影響に配慮し,
学習者の主体的な参画を保障して
いるといったことが含まれる。こ
れは, 教育とそれをとりまく社会
に持続可能性の文化を創造すると

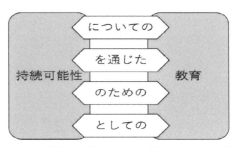

**図 6-1　持続可能性につながる教育の 4 つのアプ
ローチ**

**表 6-1　ESD で培いたい「価値観」と「能力」
（一例）**

価値観	・人間の尊厳はかけがえがない ・私たちには社会的・経済的に公正な社会をつくる責任がある ・現世代は将来世代に対する責任をもっている ・人は自然の一部である ・文化的な多様性を尊重する
能力	・自分で感じ、考える力 ・問題の本質を見抜く力／批判する思考力 ・気持ちや考えを表現する力 ・多様な価値観をみとめ、尊重する力 ・他者と協力してものごとを進める力 ・具体的な解決方法を生み出す力 ・自分が望む社会を思い描く力 ・地域や国、地球の環境容量を理解する力 ・みずから実践する力

出所：ESD-J をもとに作成 1)

いうことでもある。ESD を通じ
た学習が, 持続可能な未来をともに創る営みへの参画につながるためには,
SDGs や持続可能性について知るだけでなく, 第二, 三のアプローチで感性,
意志, 価値観, 行動する力が育まれ, 第四のアプローチで持続可能性の文化が
体現される, これらが組み合わせられ, 統合的に実現することが必要なのだ。

③　「ともに創る持続可能性」のなかの対立と対話

　「ともに創る持続可能性」をめざすとき, 必ず生まれる「対立」と, それを

乗り越える「対話」の重要性，そしてその「対話」を支える教育・ESD の役割についても，考えておきたい。

　「持続可能性」という概念は，そのあいまいさから「空っぽな記号」と呼ばれることがある。「持続可能性」という記号から何を思い描くか，その記号で何を表現するかは，人によって，組織によって，その価値観や立場によって大きく異なる。SDGs は「持続可能性」をより具体的に示すものの，その実体をともに創り上げようとする過程では，やはりさまざまな対立が現れる。たとえば，エネルギー戦略に原子力をどう位置づけるか。経済成長と環境保全や公正な労働のバランスをどうとらえるか。産業化の促進による環境破壊をどこまで容認するか。経済発展による格差拡大は許されるのか。こうした対立はしばしば，より力のある・声の大きな側の立場をとることで解決されてしまう。権力構造のなかでより弱い立場にある者の声は無視されたりかき消されたりして「取り残された」まま，力の強い者の求める方向へ進めば，包摂性に基づく「ともに創る持続可能性」からかけ離れてしまう。持続可能な社会と経済をともに創る過程は，対立を避けず，対話をいとわず，立場や価値観を擦りあわせ，具体的な状況のなかで持続可能性を実体化していく過程としなければならない。

　では，そうした「対話」を実現するために，私たちにはどのような力が必要だろうか。まず，各人の「対話に参画する力」として，対等な姿勢，自分の理解と表現，相手の理解と共感，関係性の構築，多様性と公正性の尊重，主体性と責任，共創の意志，持続可能性の価値・志向などが考えられる。これらは「弱い立場」にある者にとっては，自らの声を合意形成の過程に反映させるための力となり，「強い立場」にある者にとっては多様な声を尊重するための力となる。こうした「立場」は固定的なものではなく，人は状況によって双方の立場を往還しながら，これらの力を総合的に育んでいくことができる。

　さらに，一人ひとりが対等な関係性のなかで尊重され安心して対話に参画することができる場を創る，「対話を創造する力」をもつ人の存在が重要だ。対立に向き合いながら対立による分断を回避し，「ともに創る」共同体を生み出し「対話」を実現する力として，さまざまな立場の人を共感でつなぐための物

事の本質を見抜く視点，人々の想いへの共感，言葉の適切な選択，多様な人々との関係性を築くための自分の想いの開示，立場の超越，外部の支援を活用するための幅広い人脈，的確な情報収集，多様性や公正性に配慮するための力関係や組織構造の俯瞰的な理解などが考えられる。

　ESDが，先述の4つのアプローチを組み合わせつつ，こうした「対話に参画する力」「対話を創造する力」を育むことができれば，さまざまな人や組織が対話を通じてともに持続可能な未来を創る可能性が拓かれるであろう。

4 　コロナとSDGs，その先へ…

　私たちはいま，社会や経済のあり方を問い，変革に向けて大きく舵を切らねばならない時代を生きている。新型コロナウイルス感染症がさまざまな課題を顕在化するなか，未来を描く道標として「持続可能性」がより切実なものとして浮かび上がり，同時にその内実が批判的に問われる必要性も増している。

　本書は，人々が，SDGsのとくに経済にかかわる目標群について内容と現状を知りつつ，持続可能性という概念の本質をとらえ，2030年までの目標としてのSDGsを越えた先の未来を見据えて，他者とともに学びあいながら未来を創造する過程に参画していく，その営みを支えることをめざした。

　本書は，日本環境教育学会「SDGsの教育」研究会での議論に基づき企画され，各章の執筆を関連分野の専門家に依頼した。新型コロナ感染症拡大の影響を受けて企画から刊行まで2年余りを要することとなり，各執筆者には激しい状況変化をふまえた修正作業の負担をおかけした。変化が刻一刻と続くなか，それを十分に反映しきれていない部分があることについても，読者のみなさんにはご理解いただきたい。私たちが現在進行形で体験しているこの変化を，持続可能性につながる社会と経済への変革につなげるために，本書が役立てば幸いである。

注
1) 持続可能な開発のための教育推進会議（ESD-J）"ESDとは？" https://www.esd-j.org/aboutus/concept

索　引

［編　著］

阿部　治

1955 年生まれ。立教大学名誉教授。IGES 環境教育プロジェクトリーダー，日本環境教育学会長，立教大学 ESD 研究所長，ESD 活動支援センター長等を歴任し，現在，ESD-J 代表理事等。日本における環境教育／ESD のパイオニアとして国内外の研究・実践に従事している。近著に『ESD の地域創生力と自然学校』(ナカニシヤ出版)

二ノ宮リム さち

東海大学スチューデントアチーブメントセンター准教授，同・教養学部人間環境学科・大学院人間環境学研究科兼任講師，同・総合科学技術研究所研究員。国際基督教大学非常勤講師。1990 年代後半より，国内外の NPO や行政などさまざまな場で，持続可能な開発のための教育 (ESD)・環境教育・開発教育を推進。2008 年より大学を拠点とし，大学と地域社会における ESD の実現を追求している。

SDGs の教育研究会

代表：阿部治
コアメンバー：朝岡幸彦，岩本　泰，高橋正弘，二ノ宮リムさち，野田　恵，
　　　　　　　福井智紀

知る・わかる・伝える SDGs 〔II〕
エネルギー・しごと・産業と技術・平等・まちづくり

2021年12月15日　第 1 版第 1 刷発行

監修　日本環境教育学会
編著　阿部 治・二ノ宮リム さち

発行者　田中千津子

発行所　株式会社 学文社

〒153-0064　東京都目黒区下目黒3-6-1
電話　03(3715)1501(代)
FAX　03(3715)2012
https://www.gakubunsha.com

印刷　新灯印刷

ISBN978-4-7620-3109-0

日本環境教育学会［監修］
知る・わかる・伝えるSDGs

Ⅰ 貧困・食料・健康・ジェンダー・水と衛生
阿部 治・野田 恵［編著］

Ⅱ エネルギー・しごと・産業と技術・平等・まちづくり
阿部 治・二ノ宮リムさち［編著］

Ⅲ 生産と消費・気候変動・海の豊かさ・陸の豊かさ・平和と公正
阿部 治・岩本 泰［編著］

Ⅳ 教育・パートナーシップ・ポストコロナ
阿部 治・朝岡幸彦［編著］

全4巻　定価2,200円［本体2,000円＋税10%］